¡CANTA TU NOMBRE!

¡CANTA TU NOMBRE!

15 PASOS PARA VIVIR TUS SUEÑOS

JASON DERULO

TRADUCCIÓN DE
CECILIA MOLINARI

HarperCollins *Español*

Título original: *Sing Your Name Out Loud*

Publicado en inglés por HarperOne en los Estados Unidos de América en 2023

PRIMERA EDICIÓN EN ESPAÑOL

Traducción: Cecilia Molinari

Diseño adaptado de la versión en inglés de THE COSMIC LION

Este libro ha sido debidamente catalogado en la Biblioteca del Congreso de los Estados Unidos.

ISBN 978-0-06-334764-9

$PrintCode

A mi querida mamá, quien me enseñó
el significado del trabajo duro.
Y a mi padre por predicar con el ejemplo,
mostrándome fortaleza, paciencia y
cómo ser un hombre.
Los amo a los dos con todo mi corazón.

Y a mi hijo primogénito, que este
libro te ayude en tu búsqueda de la grandeza.
La alegría está en el viaje, no en el destino.

CONTENIDO

NOTA DEL AUTOR:
¡CANTA TU NOMBRE!

Un día, cuando era niño, quizá tenía unos nueve años, mi mamá entró en mi habitación. No voy a mentir, era un desastre. Siempre lo era. Mi cama no estaba hecha y tenía ropa sucia esparcida por todas partes. De niño, siempre tomaba la ropa de mi hermano mayor, Joey. Él tenía ropa más bonita que yo y, a diferencia de la mía, siempre estaba colgada o bien doblada.

No me importaba en aquel entonces y tampoco me importa ahora. Un toque de caos y desorganización nunca me han molestado, sobre todo en aquel momento, cuando no tenía tiempo ni para limpiar ni para ordenar. Me encontraba demasiado ocupado cantando y escribiendo canciones y perfeccionando mi oficio para prestarle atención a esas cosas.

Mi mamá siempre me ha apoyado en todo lo que he hecho, pero aun así, no podía soportar ver el estado de mi habitación.

—Jason —me dijo—, ¡tienes que ordenar tu cuarto! Si no aprendes a mantener organizadas las cosas, un día tu casa será un desastre.

La miré y le dije muy serio:

—Mamá, nunca voy a limpiar mi propia casa. Contrataré a gente para eso.

Por la expresión de la cara de mi mamá, supe enseguida que

había dicho algo equivocado. Parecía como si quisiera quitarme el sabor de la boca de un bofetón. Claro que hoy, en retrospectiva, entiendo por qué se enojó al instante. Yo no lo diría así de adulto, pero de niño era el único vocabulario que tenía para expresar lo que sentía. Solo lo dije porque lo creía, de manera profunda. Lo que yo quería decirle era que tenía la intención de dedicar toda mi energía y mi tiempo a la música, y sabía, en el fondo de mi corazón y, sin lugar a dudas, que me crearía una vida que me permitiría hacer solo eso, para siempre.

No se trataba solo de limpiar. Eso es lo que sentía respecto a todo lo demás que debía aprender o hacer durante aquellos años. Cuando mi padre estaba fuera arreglando el carro, nos llamaba a mi hermano y a mí para que lo acompañáramos. En verdad, mi hermano estaba encantado de aprender. Yo no era de mucha ayuda, pues no paraba de cantar a todo pulmón la canción en la que estaba trabajando. Al final, mi padre me dejaba volver adentro para terminar la canción que estaba escribiendo ese día. De más está decir que, hoy en día, mis habilidades para arreglar cualquier cosa en un carro son nulas. Tenía una idea fija, y todavía la tengo. Todo lo demás podía esperar. Iba a ser un cantante exitoso, y punto.

Y el tema es el siguiente: si no lo hubiera creído de manera tan profunda y hubiera tenido demasiado miedo de decirlo, no hay forma de que esa verdad se hubiera hecho realidad.

Puede que mi mamá se enojara conmigo por negarme a limpiar mi cuarto, pero la verdad es que fue ella quien me enseñó lo poderosas que son mis palabras. Cuando era pequeño, ella solía decir cosas como: «Oh, esa tarta de queso está para morirse». Pero la Biblia dice: «La muerte y la vida están en el poder de la lengua».

Al darse cuenta de eso, mi mamá empezó a cambiar el guion. En vez de «para morirse», empezó a decir: «Esa tarta de queso está para vivir bien».

Cuando me hice un poco mayor, me aseguré de decir en voz alta las cosas que deseaba y en las que creía. Vengo diciendo que iba a ser conocido en todo el mundo por mi música desde que tengo cuatro años. A la gente le parecía enternecedor cuando era pequeño, pero cuantos más años tenía, más pomposo y arrogante sonaba. Nunca fue mi intención. Mis palabras solo reflejaban hasta qué punto creía en lo que decía.

Nunca dudé en decir mi verdad. Cuando tenía once años, empecé a decir que iba a ser famoso a los doce. Cuando cumplí los doce, empecé a decir que iba a ser famoso a los trece. En mi mente, esa era mi realidad.

Pero lo importante es lo siguiente: fue esa creencia la que me animó a dar los pasos necesarios para conseguirlo. Creo plenamente en el poder de la manifestación y en convertir las palabras en realidad, pero no puedes manifestar un sueño diciendo que algo va a suceder y luego sentarte a esperar. Tienes que creer que lo conseguirás en lo más profundo de tu corazón y tienes que estar dispuesto a trabajar todo lo necesario para lograrlo.

Cuando hagas esto, empezarás a ver señales de que vas por buen camino. Sucede de forma lenta y luego, de pronto, de forma rápida. Al menos, así fue para mí.

Muy al principio de mi carrera, alguien me preguntó en una entrevista con qué artista querría ir de gira si pudiera elegir a cualquier artista del mundo y dije: «Lady Gaga». Acabé de gira con Gaga incluso antes de que saliera mi primer álbum. Lo creé con mis palabras. Hace unos años, me enteré de que Wiz Khalifa había ganado veinte millones en un año, y dije: «El año que viene, yo también ganaré veinte millones». Esa era mi mentalidad. Lo creía y me ponía a trabajar para conseguirlo. Ese es el poder de la palabra hablada.

El mundo exterior cree lo que le dices, y tu cuerpo también lo cree. Yo solía decir cosas como: «Oh, estoy tan ciego que apenas veo». Me di cuenta de que mi visión empezaba a empeorar cada vez más. Le decía a la gente que yo tenía problemas para recordar cosas, y mi memoria también empezó a deteriorarse.

Esto se ha vuelto cada vez más intenso con el paso de los años, y me he vuelto muy cuidadoso con lo que digo. Ahora nunca me encontrarías hablando mal de mí mismo, porque me niego a decirle a los billones de células en mi cuerpo que soy inadecuado de manera alguna. En lugar de eso, me centro completamente en lo positivo.

Nadie nos enseña sobre el poder de nuestros pensamientos y palabras, y por eso tan poca gente conoce este poder y confía en él. En la escuela, nos dicen que encajemos en el molde, que esperemos en la fila y que levantemos la mano cuando llegue el momento de hablar... En otras palabras, nos enseñan a ser tímidos y a colorear dentro de las líneas en lugar de enseñarnos a soñar a lo grande y hacer que nos sucedan cosas maravillosas. Por eso, cuando alguien como yo dice: «Voy a ser la estrella del pop más importante del mundo», la gente piensa que soy egocéntrico. Simplemente no ven el mundo como yo.

Hace poco le dije a mi padre que mi objetivo era valer quinientos millones de dólares dentro de dos años, y se rio. Pero yo no estaba bromeando. «No, papá, hablo en serio», le dije.

Del mismo modo, si te dijera que en los últimos tiempos

mi mente se ha enfocado en el hecho de que solo hay siete multimillonarios negros en este país y que yo quiero ser el octavo, para demostrarle a los niños negros que pueden utilizar su mente para tener éxito, es probable que pongas los ojos en blanco. Pero ¿por qué? ¿Por qué no yo? ¿Por qué no tú? ¿Por qué otro se lo merece y tú no? ¿Por qué no deberíamos todos soñar a lo grande, apuntar alto y creer plenamente en nuestra capacidad para triunfar?

Espero que leer este libro te ayude a creer en ti mismo y te dé la confianza de que tienes todas las herramientas que necesitas para triunfar en cualquier campo y a cualquier escala que sueñes. Espero que mis palabras resuenen en ti. Además, les he pedido a algunos de mis amigos famosos que ofrezcan sus propios consejos para vivir sus sueños, y encontrarás esas citas originales al principio de varios capítulos de este libro. Ahora te toca a ti. Quiero que recuerdes que todo lo que desees en este mundo está a tu alcance. En el fondo de mi corazón sé que esta es la verdad. Todo lo que tienes que hacer es creerlo, decirlo y trabajar como un burro para conseguirlo. Utiliza tus palabras, tu voz y todas las herramientas que tengas para lograrlo por ti mismo.

Lo más lindo es que puedes empezar hoy. No somos esclavos de nuestro pasado. Cada día es un nuevo comienzo, y podemos empezar nuestro nuevo legado en este mismo instante. Empieza ahora. Canta tu nombre y deja que resuene alrededor del mundo. No tengo duda alguna de que el sonido de lo que más desees escuchar hará eco en ti.

TU SUEÑO ESTÁ
A TU ALCANCE.

Mi día comenzaba a las cuatro de la mañana cuando el radio reloj en mi mesa de noche sobresaltaba mi cuerpo de catorce años. La noche anterior había estado despierto hasta tarde ensayando mi canto, y cada célula de mi cuerpo me pedía a gritos que durmiera más. Pero saltaba de la cama y no le daba al botón de repetición. Nunca lo hago.

La casa de mi familia era pequeña, y debía tener cuidado de no despertar a nadie al salir de puntitas de mi cuarto y dirigirme al pasillo. Primero iba al baño, donde me ponía la ropa del día. En general llevaba unos jeans anchos y una camiseta blanca que le había pedido prestada a mi hermano mayor, Joey (más bien, se la había robado). Luego, agarraba mi mochila y algo para comer en el autobús, me ataba mis Sauconys rojos y blancos y salía corriendo de casa al cálido aire mañanero del sur de Florida.

Mi casa estaba en una gran urbanización, situada a unos treinta minutos de Miami, llena de familias como la nuestra: inmigrantes muy trabajadores que intentaban abrirse camino. Muchos de ellos eran miembros de mi propia familia. No podía tirar una moneda sin golpear a un tío, a una tía o a uno o dos primos. Pero nadie más —y cuando digo nadie es nadie— estaba despierto a las cuatro de la mañana. Ni siquiera los repartidores de periódicos o los fiesteros de la noche anterior. El cielo aún estaba oscuro y yo estaba solo.

Me encantaba aquella caminata hasta la parada del autobús. El mundo entero estaba dormido, e imaginaba mi entorno como el telón de fondo de un video musical mientras cantaba y bailaba por la larga y sinuosa urbanización. Eran otros quince minutos alrededor de un estanque hasta la cancha de baloncesto. Los fines de semana, aquella cancha era mi segundo hogar. Si no estaba en mi habitación cantando, podías encontrarme jugando con mis panas en esa cancha. Pero durante la semana, pasaba por delante de la cancha para ir a la parada del autobús, y allí tampoco había nadie. Era el único niño que subía al autobús tan temprano para ir a la escuela.

A pesar de levantarme tan temprano, igual me las arreglaba para perder el autobús al menos una vez a la semana. Entonces regresaba a casa caminando y le rogaba a mi mamá o a mi hermano que me llevaran al colegio. Al final, uno de ellos accedía y se pasaba todo el trayecto maldiciéndome. Si no hubiera estado ya motivado para tomar el autobús, evitar ese viaje en carro habría sido toda la motivación que necesitaba. Ahora ya sabes por qué nunca le doy al botón de repetición de mi alarma.

Era mucho mejor para todos cuando llegaba a tiempo al autobús y podía pasar esos noventa minutos pensando en letras de canciones en lugar de escuchar las quejas de alguien de mi familia. En aquel viaje en autobús, me quedaba mirando por la ventanilla sin ver nada. Estaba completamente perdido en mi mente. Poco a poco, a medida que pasaban los kilómetros, se me iban ocurriendo bosquejos de canciones. Sin darme cuenta, mis pulgares golpeaban los jeans que cubrían mis muslos, e iba creando un ritmo sin forma.

Por fin llegaba a mi escuela secundaria de artes escénicas y era hora de que oficialmente empezara el día.

Cuando estaba en la escuela, era competitivo, intenso e impávido, y tenía una confianza que aún no me había ganado. Al mismo tiempo, era introvertido. Tardaba mucho en entrar en calor y conocer a la gente. Sobre todo, estaba enfocado. Trabajaba duro y nunca me quejaba, y aprovechaba todas las lecciones y oportunidades que se me presentaban.

Intentaba ser amable con todo el mundo y, por lo general, me querían, pero no me centraba mucho en mi vida social. No podía ignorar la fastidiosa sensación de que tenía que prepararme para un trabajo. No podía dejarme distraer por los amigos. Nunca fui a los bailes de graduación ni los de fin de curso ni nada parecido. En el fondo, sabía que tenía que trabajar duro para estar preparado cuando llegara mi hora.

Pido disculpas a cualquiera de mis antiguos profesores que esté leyendo esto, pero pasé mucho tiempo en clase sin escuchar lo que tenían que decir. En su lugar, trabajaba en mis canciones. Empezaba por la parte fácil, la letra. Pensaba en una chica que me había llamado la atención en la escuela o en una situación romántica que me había descrito mi hermano o uno de mis primos mayores. En general eran momentos que yo aún no había vivido y que ni siquiera comprendía del todo —enamorarse perdidamente de alguien, un amor no correspondido, querer a una chica imposible de conseguir o de impresionar, o que te descubran en un engaño o que te engañaran—, pero siempre lograba encontrar las palabras para plasmar la situación como si me hubiera ocurrido a mí.

Desde muy joven tuve una extraña habilidad para traducir emociones en letras, tanto si las había vivido como si no. Se me ocurrían ganchos pegadizos sobre la marcha y creaba metáforas de la nada, pero mi especialidad era tomar un sentimiento sencillo y familiar, y darle mi característico toque alegre y ligero. Parecía llevar la habilidad de escribir canciones en la sangre, y reforcé ese ADN con la práctica diaria.

Una vez que tenía la letra, me inventaba un ritmo o una melodía. Había aprendido a escribir y leer música en la escuela primaria, lo que facilitó mucho esta parte. Cuando la canción estaba terminada, ahí acababa el proyecto. No había dónde subirla o compartirla como ahora. Cada canción que escribía terminaba en el mismo lugar donde comenzaba: en mi cabeza.

Pero me daba igual. Mi trabajo, tal y como yo lo veía, era dedicarle tiempo. Con las horas llegaba el crecimiento, y yo le dediqué muchísimas horas. No sabía exactamente en qué estaba trabajando, pero tenía la profunda e inquebrantable certeza de que iba a ser algo grande.

>> No sabía exactamente en qué estaba trabajando, pero tenía la profunda e inquebrantable certeza de que iba a ser algo grande.

Por la tarde, cuando acababa el colegio, iba al entrenamiento de baloncesto. Después, como no quería que mi mamá o Joey me volvieran a dar una paliza, solía correr para alcanzar el último autobús que me llevaba a casa. Después de otro viaje productivo de noventa minutos, cruzaba el umbral de la puerta de casa, agotado física y mentalmente.

Ah, pensaste que el día había terminado, ¿eh?

Después de un día entero de viajes en autobús, escuela, baloncesto y escribir canciones, casi todos los demás chicos de mi edad hacían cosas normales, como jugar a los videojuegos. Yo no hacía nada de eso. Yo cantaba. Aunque se me hacía fácil escribir melodías y ponerle letra a la música, mi mayor aspiración fue siempre, siempre, cantar.

Sabía que para triunfar como cantante iba a tener que superar todos los obstáculos imaginables. Mis mayores críticos y mis mejores animadores (¡como tú, mamá!) me lo dijeron, y tenían razón. Había un sinfín de barreras que impedían que un chico como yo se convirtiera en cantante. Diablos, cuando le decía a la gente que quería ser una estrella del pop, la mayoría se reía de mí, así de improbable era. Así que, si iba a hacerlo, no podía dejar nada al azar.

Imagínate el atasco más largo que hayas visto en tu vida. Ahora multiplícalo por mil. Pues, eso no es nada comparado con el camino que tenía que recorrer para convertirme en cantante profesional.

Este atasco estaba diseñado adrede. Había millones de niños como yo que querían cantar, grabar música y convertirse en estrella. Pero solo había un número limitado de espacios en la radio, MTV y VH1 (las principales plataformas de distribución de música en aquella época). Las posibilidades de vender canciones en iTunes dependían de que fueras uno de los pocos artistas que, de alguna manera, captaran la atención de los oyentes.

Pero antes de que pudieras intentar hacer nada de eso, necesitabas una discográfica. Para que una discográfica se fijara en ti, tenías que preparar una demo, asegurarte de que estuviera ardiente y hacerla llegar a las manos adecuadas. Necesitabas tener un cierto look con el que la discográfica pudiera contar. Debías tener ya cierto nivel de credibilidad, formación profesional y experiencia, pero ¿cómo se suponía que ibas a conseguirlo con todas las barreras que había en tu camino? Casi todos los cantantes en ciernes acababan atrapados en ese carrusel y nunca lograban salir.

Por supuesto, si tus padres tenían mucho dinero o conocían a alguien que conocía a alguien que pudiera hacer una llamada y hablar bien de ti, eso servía. Mis padres tenían poco dinero y nunca habían conocido a nadie que hubiera trabajado en la industria discográfica o del espectáculo. Así que eso era imposible.

Pero lo que más necesitabas para ser cantante, por encima de cualquier otra cosa, era ser buenísimo. Innegable. De élite. De hecho, nada de lo demás importaba en lo más mínimo si no eras realmente excepcional. Eso sigue siendo cierto.

Para alcanzar ese nivel de destreza se requería el tipo de práctica al que tiene que dedicarse un aspirante a atleta profesional. Pero hay cientos o miles de jugadores en la NBA y la NFL, ¿no? Llegar a ser uno de ellos ya era bastante difícil. Mientras tanto, de mi generación saldrían unas pocas docenas de cantantes que tendrían algún tipo de éxito sostenido, y eso siendo generosos.

Para ganar cantando tendría que ser imbatible siempre que tuviera un micrófono en las manos, y eso requiere mucho trabajo. Estoy hablando de un nivel de acondicionamiento y entrenamiento a lo Tiger Woods. Horas y horas y horas. Sin descansos.

Sin días libres. Cantando las mismas canciones una y otra vez, y fijándome en cada detalle de lo que funcionaba y lo que no, qué notas me costaban y dónde sonaba mejor.

Así que todas las noches, después de la escuela, empecé a trabajar en mi oficio, en mi sueño. No sé cómo pudo soportarlo mi familia. De alguna manera deben de haberse vuelto sordos al sonido de mi voz cantando «Ben» o «Billie Jean» de Michael Jackson cien veces por noche. O quizá iban por ahí con tapones en los oídos y nunca me enteré.

Pero esto no era nada nuevo. Llevaba así desde que empecé la escuela primaria. Desde antes incluso. Durante todos esos años, había estado escribiendo varias canciones y practicando durante horas todos los días. Todos los días.

¿Adónde me llevó todo ese gran esfuerzo? Antes de graduarme de la secundaria, ya había colaborado en canciones con Pitbull y Birdman, e incluso había trabajado con P. Diddy. Cuando estaba a punto de terminar mi segundo año universitario, ya había ganado concursos de canto de renombre, tenía cientos de canciones en mi repertorio y estaba a punto de firmar un contrato con Beluga Heights bajo un importante sello discográfico. Mi primer sencillo debutó en el número uno de los Top 40 de *Billboard,* y los dos siguientes también llegaron a estar entre los diez primeros de la lista.

Y ahí empezó el verdadero trabajo.

« »

Aunque mi primer sueño siempre ha sido cantar, y nunca he dejado de entrenarme para dar lo mejor de mí mismo, más tarde dediqué esa misma ética de trabajo a dominar el baile, a actuar, a dirigir

videos musicales, a crear varias empresas y, por último, a sumergir-
me en las redes sociales. En cada momento, me basé en una serie
de principios que había creado durante mi infancia y adolescencia,
cuando era feroz, implacable y estaba decidido a superar cualquier
adversidad que se me presentara.

No se trataba de una lista de principios que hubiera anotado
y llevado conmigo. Ni siquiera había pensado en ellos ni me
había dado cuenta de que, como adulto, seguía viviendo según
esas mismas reglas. Pero cuando miro atrás ahora, puedo decir
con un cien por ciento de certeza que mi éxito, tanto entonces
como ahora, ha sido gracias a estos principios.

Los cimientos de estas reglas se establecieron cuando yo no
era más que un niño muy determinado que intentaba convertir
lo imposible en realidad. Sin embargo, a medida que crecía y veía
que mis sueños y objetivos se ampliaban, estas reglas se convir-
tieron en una receta que podía seguir para conseguir un éxito
seguro. Las he puesto en práctica una y otra vez, en un medio tras
otro. Continúo utilizándolas y siguiéndolas porque funcionan.
No son revolucionarias por sí solas, pero tomadas en conjunto,
revelan el tipo de mentalidad y ética de trabajo que se necesita
para alcanzar un sueño... cualquier sueño.

En los últimos cinco años, hemos presenciado un cambio
innegable en el ambiente para todo tipo de creadores. Se están
abriendo las puertas. Se están derrumbando las rejas. Los creativos y los artistas son más valiosos que nunca, no solo para los
consumidores, sino también para las empresas y las marcas. Todas
las plataformas están evolucionando de tal forma que más creadores, y una paleta de creadores más diversa, son bienvenidos a
la mesa. Estamos viendo un nivel de demanda más grande que

nunca de creaciones y voces impactantes, asombrosas y hermosas en todos los medios. Hay verdaderos motivos para estar entusiasmados y celebrar el futuro del arte.

Sin embargo, a pesar de la enorme demanda de creativos, nadie parece estar hablando de este auge del negocio. Desde luego, nadie anima a los artistas a seguir adelante ni les dice cómo conseguir uno de esos nuevos asientos en la mesa.

Muchos jóvenes siguen abandonando sus sueños creativos por la escuela de posgrado o un trabajo de nueve a cinco tras el más mínimo rechazo en las redes sociales. Otros se hacen virales una vez, y luego no volvemos a saber de ellos. Y otros siguen intentando triunfar a la antigua. Pagan cientos de miles de dólares para ir a una prestigiosa universidad solo para dedicarse a su arte para luego ser derrotados por un sistema que les dice que su arte no tiene sentido o que debería ser de una manera cuando naturalmente es de otra. Esta gente ni siquiera tiene la oportunidad de conectar con su público o de averiguar quién es su público. ¡No tienes idea lo que me indigna eso!

Pero ¿la razón principal por la que más gente no triunfa como creativo? Sencillamente no tienen un plan.

Cantar siempre fue mi sueño. Sin embargo, muchos artistas y otros creadores son producto de los sueños que sus padres u otras personas tuvieron para ellos. Nunca llegarás a la cima de la montaña si sigues el camino de otra persona. Necesitas un plan propio.

Siempre logro detectar a las personas que son incitadas por su propio ímpetu implacable, porque detrás de todo su esfuerzo y sacrificio hay un espíritu generoso. En resumen, los verdaderos artistas están motivados por la pasión de compartir. Sí, claro que queremos estar frente a un público y que celebren nuestro trabajo. Queremos que se fijen en nosotros o que se fijen en nuestro trabajo, claro. Pero también queremos dar algo.

A los artistas les apasiona compartir algo único, diferente o bello, ya sea un sonido que no hayas oído nunca, un enfoque o estilo que te sorprenda o te haga reír o una forma de ver algo que te haga sonreír o te provoque una abrumadora avalancha de emociones. La verdadera meta no es solo el arte en sí, ni siquiera es beneficiarse de ese arte. Es compartirlo con el mundo y utilizarlo para causar un impacto.

Quería escribir este libro para hacer precisamente eso, para compartir lo que he aprendido con cualquiera que necesite oírlo. Estos son los principios que he seguido en mi camino hacia la grandeza y el éxito. Estos son los principios por los que sigo rigiéndome hoy en día.

Supongo que un libro sobre cómo dominar la forma de arte que has elegido y encontrar éxito debería definir exactamente qué es el éxito. ¡Aquí es donde vale recordarte que estás leyendo un libro de Jason Derulo! Si aún no lo sabes, pronto te darás cuenta de que estoy orgulloso y notablemente a favor del *mainstream*. Para mí, el éxito es cuestión de ojos, de compartir, de descargas y de ventas.

Mi definición de éxito siempre ha tenido que ver con la interacción y el impacto. Ser el «mejor» es ser el más reproducido y el más compartido, punto. Quiero que los números estén a mi favor. A cuanta más gente le guste algo, más es el impacto emocional, cuanto más conecte tu trabajo con alguien a nivel personal, mejor y más exitoso será. Si te abres paso en las emociones de alguien, te ganas un seguidor para toda la vida.

Sin embargo, conectar con alguien a nivel emocional a través del arte es tan difícil como fácil. Sea cual sea tu superpoder personal —el humor, la emoción, la pasión, la articulación o la familiaridad—, tendrás que utilizarlo para impulsar esas cifras y ese compromiso.

Nunca he definido el éxito según los criterios de nadie más, así que cuando alcancé el tipo de éxito que encajaba con mi propia definición, no pertenecía a nadie más que a mí.

Entonces, ¿qué no es el éxito? Para mí, el éxito no tiene nada que ver con los premios, la notoriedad, la fama, las palmaditas en la espalda, las menciones o los acuerdos publicitarios. No me impresionarás con nada que no sea alcance, interacción y cifras. ¿Cuántas personas lo compraron, lo descargaron, lo vieron y lo compartieron con sus amigos? ¿Cuántas entradas y discos vendiste?

Esto puede sonar reduccionista, pero yo lo veo como liberador. ¿Adivina qué? Las cifras, las descargas y los ojos están a tu disposición ahora mismo. La gente se desplaza por TikTok en busca de algo que los deje boquiabiertos o los sorprenda. Echan un ojo a Instagram y están viendo su décimo video de YouTube a la espera de que algo los impacte.

En el mundo actual no necesitas una nominación al Oscar ni un especial de comedias ni un título de arte para llegar a la gente y, por lo tanto, para alcanzar el éxito. A diferencia de cuando yo intentaba meterme en este negocio, ni siquiera necesitas un sello discográfico. ¿Todas esas barreras de las que hablaba antes? Ya no existen. ¡*Puf*! Literalmente, no hay nada ni nadie que se interponga en tu camino.

Sí, los números son lo que busco, ante todo. Pero escucha:

no lo son todo. Hay otro nivel de éxito que quiero que comprendas. Una gran parte es cómo te sientes con lo que estás creando. Dejando a un lado las opiniones de los demás, ¿te gustó lo que publicaste? ¿Te ha enseñado algo, te hizo sentir algo o te hizo chispear? Los números no llegan de inmediato ni de forma constante, así que el otro marcador del éxito tiene que venir de tu interior.

Leerás sobre mis éxitos, claro, pero las mejores herramientas didácticas que puedo ofrecerte son en realidad mis fracasos. Para mí, los fracasos ocurren cuando falta alguna de estas características distintivas del éxito. O bien algo que creé no obtuvo los números que quería, o bien no quedé satisfecho con lo que lancé al final. Sin embargo, si te soy sincero, he escrito canciones que me encantaban y que no tuvieron el éxito que esperaba, y también las considero fracasos. Para mí (personalmente), los números son y siempre serán el rey.

Para quienes estamos profundamente motivados por este tipo de búsqueda artística, la fama y el dinero no son los objetivos finales. Sin duda, es bueno tenerlos. No tengo estos contratos de patrocinio ni publico estos anuncios por nada. Hoy quiero ganar dinero para demostrar a los niños negros que pueden ganar dinero utilizando su cerebro. Pero (sinceramente), esas ventajas no son la razón por la que nos metemos en esto desde el principio.

Permíteme hablar por mí mismo. No son la razón por la que me metí en esto desde el arranque. Primero, quería ser indiscutiblemente genial en mi oficio… en realidad, el mejor. Segundo, quería llegar a la cima de la montaña en cuanto a mi alcance. Tercero, quería regalar algo a mi público y a todos los demás creativos que venían detrás de mí.

Si empiezas con el objetivo principal de ganar dinero, tu éxito será efímero. Liderar con pasión siempre te llevará más lejos. La vida es corta, y si no amas el arte que estás creando y disfrutas del camino que estás recorriendo hacia tu objetivo, ¿qué sentido tiene? Cuando tu vida esté llegando a su fin, ¿quieres poder mirar atrás y decir: «he ganado mucho dinero» o «he creado los mejores recuerdos y he disfrutado de cada día»? Para mí, el destino no tiene nada que ver con la cantidad de diversión, satisfacción, plenitud y alegría que he experimentado a lo largo del proceso.

>> La vida es corta, y si no amas el arte que estás creando y disfrutas del camino que estás recorriendo hacia tu objetivo, ¿qué sentido tiene?

Trata realmente de tener claro qué quieres conseguir con tu búsqueda artística. Apuesto a que, en el fondo, tampoco te motivan sobre todo la fama y el dinero. Si eso es lo que te motiva, ¡deja este libro y vete a la sección de negocios e inversiones de la librería! En estas páginas no encontrarás nada sobre atajos, trucos, manipulación de algoritmos o cómo convertir una moneda de diez centavos en un dólar. Pero sí encontrarás inspiración, lecciones aprendidas con esfuerzo, combustible para tus aspiraciones, ánimo y una visión del nuevo panorama actual para los creadores.

Nadie conoce este paisaje mejor que yo. Al momento de

escribir esto, he vendido más de doscientos cincuenta millones de discos desde que empecé a perfeccionar esas canciones durante la secundaria. Soy uno de los seis únicos artistas que han llegado a tener una canción número uno en tres décadas distintas, lo cual es un guiño a lo joven que era cuando empecé en esto y no a lo viejo que soy ahora, ¿me entiendes? He tenido doce canciones número uno, he grabado cinco álbumes de estudio y he realizado giras internacionales por más países de los que puedo contar. Todavía hoy realizo giras internacionales con entradas agotadas.

Pero si me preguntas qué es lo que más me enorgullece, te diré que, sin duda, es el contenido que he hecho en los últimos años a través de mis colaboraciones en TikTok. Porque una cosa es ser bueno en una sola actividad artística, como cantar, y otra muy distinta es empezar algo nuevo y alcanzar el mismo nivel de éxito. Este tipo de éxito en múltiples plataformas se resume en planificación, determinación y ejecución. Se trata de tener un set de reglas claras para tu arte y ponerlas en práctica.

Esto me lleva al argumento fundamental que intento exponer con este libro y al mayor consejo que quiero darte: nunca ha habido un mejor momento para ser un soñador, un creativo, un creador o un artista.

Quería escribir este libro porque estos últimos años han cambiado de manera fundamental mi visión del trabajo, la creatividad y el éxito artístico. Hoy no vivimos en el mismo mundo en el que crecí. Hoy en día, subir una canción, una historia, un *sketch* cómico o una obra de arte puede ayudarte a iniciar el camino hacia la grandeza. Pero eso es si —y solo si— también estás dispuesto a ponerte a trabajar durante el tiempo que no estés conectado a las redes.

Tu sueño está a tu alcance.

Tu camino y tu viaje no serán exactamente iguales a los míos, y no deberían serlo. Pero los principios que aquí comparto contigo pueden aplicarse a cualquier camino y a cualquier viaje. Puedes tomar estas reglas y arrasar en el escenario, en el aula, en tu oficina o donde sea que quieras estar.

Tu sueño está a tu alcance. Y como me encanta ayudar a otras personas a alcanzar sus sueños tanto como disfruto perseguir los míos, voy a mostrarte exactamente cómo conseguir los tuyos y, aún más importante, cómo aferrarte a ellos.

Pero créeme, leer este libro será la parte fácil. Cualquiera que me conozca te dirá que tengo todas las historias. Me emociona compartirlas contigo, junto con lo que he aprendido de todo lo que he vivido. Pero una vez que dejes el libro, depende de ti. Yo te daré los planos, pero tú tienes que verter el hormigón.

1

ARRIÉSGATE.

« »

EL FRACASO ES BUENO.

Dentro de una pequeña bellota hay un
poderoso roble. Confía en el proceso.

—ELLEN DEGENERES

El año era 2009, y yo estaba a punto de lanzar mi primer sencillo, «Whatcha Say». Aún era un niño, solo tenía diecinueve años, pero ya llevaba más de una década cantando y escribiendo mis propias canciones. Por eso, este momento lo venía esperando hacía mucho tiempo.

Este fue un momento crucial en mi carrera, mi oportunidad de triunfar o fracasar. Si la canción fracasaba, mi discográfica probablemente ya no confiaría en mí, y entonces sería muy difícil conseguir que alguien de la industria musical me diera una segunda oportunidad, por no mencionar a los mismos oyentes.

«Whatcha Say» tenía que funcionar, punto. El fracaso no era una opción. Y tampoco estoy hablando de un nivel leve de éxito. Mi intención, y lo que esperaba, era convertirme en una nueva estrella en ascenso. No me conformaría con menos.

Además de sentir toda esta presión por presentarme por fin al mundo de una forma importante, la canción en sí me era muy personal. Antes de escribir «Whatcha Say», mi hermano mayor, Joey, alguien a quien siempre he estado muy unido, me confesó que había engañado a su chica, quien era la mamá de su primer hijo. Por supuesto, se sentía horrible por la situación e increíblemente arrepentido. Quería ganarse su perdón y hacer algo para arreglar las cosas.

—Tienes que rogarle que vuelva contigo —le dije a Joey.

Aproveché el remordimiento que sabía que sentía mi hermano y escribí la canción en su voz, como si yo fuera quien le estuviera suplicando a mi chica que volviera conmigo después de haber cometido un gran error. El ritmo con el que trabajábamos J. R. Rotem y yo estaba inspirado en la brillante canción de Imogen Heap «Hide and Seek», que era súper *cool* y experimental. Nunca había oído nada parecido, y eso es lo que suele despertar mi interés: cuando algo me parece nuevo y fresco, y quiero escucharlo una y otra vez. Esas son las señales de algo especial.

El ritmo era inusual, pero tenía una sensibilidad pop con una gran melodía. Entonces, era diferente y a la vez estaba arraigado en lo que esperamos de una canción popular. Así es exactamente como me gusta crear. Hay «reglas» establecidas cuando se trata de escribir canciones pop, pero si quieres que la gente sienta algo, tienes que añadir un toque único. Para mí, esa es la esencia de la creatividad: dar tu propio giro a una fórmula probada. He aplicado este enfoque a todo lo que he hecho, desde mis canciones hasta mis videos musicales, mis publicaciones en las redes sociales e incluso mis iniciativas empresariales.

Al combinar todo supe que «Whatcha Say» sería un sencillo de debut increíble. ¿Pero era suficiente? No estaba satisfecho. Quería asegurarme por completo de que, tras los primeros segundos de la canción, todo el que la escuchara supiera y recordara quién era yo.

Probablemente ya sepas a dónde quiero llegar con esto...

Esta idea no se me ocurrió solo a mí. En realidad, es un recurso bastante popular en el rap que los artistas y productores introduzcan una «etiqueta» al principio de una canción. Pero, hasta donde yo sabía, nunca se había hecho antes en la música pop y, desde luego, nunca se había cantado.

Luché con la decisión como loco. Sabía que este pequeño detalle podría hacer que se rieran de mí o que me tacharan de cursi. Pero también podía dar sus frutos y hacer que los oyentes no pudieran olvidarme.

Jugué con unas cuantas melodías diferentes que podía usar para mi nombre, y al fin encontré la que encajaba. La conoces. Es probable que la estés cantando en tu cabeza ahora mismo. Disculpa si se te pegó, pero de eso se trata.

Una vez que estuve seguro de que tenía la melodía adecuada, supe que se abriría paso entre el ruido, así que canté mi nombre al principio de «Whatcha Say» y luego lo repetí en muchas de las canciones que siguieron.

Desde hace más de una década, dondequiera que voy, la gente me pide que cante mi nombre para ellos, o que cante su nombre para ellos, o si pueden cantar mi nombre para mí. Sí, en definitiva, a veces es algo agotador, pero no me arrepiento. Si no hubiera incluido esa etiqueta, ¿conocería mi nombre y amaría mis canciones tanta gente? Nunca lo sabremos. Pero en definitiva no me arriesgaría a volver atrás y cambiar nada.

La lección es que hay que arriesgarse. De hecho, te ruego que te arriesgues. Deja de ser aburrido. Deja de ser poco original. Deja de tener miedo. Por favor.

> **Deja de ser aburrido. Deja de ser poco original. Deja de tener miedo.**

Nunca he visto a un artista interesante o inspirador que no asumiera un gran riesgo, en general más de uno. Cuando alguien ha puesto toda su carrera en juego por una sola decisión artística o creativa, todos podemos sentirlo. No hay nada mejor. Hay mucho en juego y, por lo tanto, la emoción que sentimos cuando consumimos ese arte también es alta. Enseguida percibimos que nunca antes hemos oído o visto algo así.

Al principio, no estamos seguros de cómo nos sentimos al respecto ni de lo que pensamos. Puede parecer algo malo, pero es la situación exacta en la que quieres poner a la gente. Quieres pasmarlos y luego asombrarlos. Así harás que te recuerden.

Dicho esto, algunos riesgos fracasan. Seamos realistas, la mayoría de los riesgos fracasan. Pero no me malinterpretes. No te estoy diciendo que corras cualquier riesgo. Si vas a arriesgar tu arte y tal vez toda tu carrera, debes asegurarte de que es por algo en lo que crees y de lo que no te arrepentirás aunque te vayas de boca.

Por eso mi regla número uno para arriesgarse es asegurarte de que cada riesgo que asumas se base en la mayor cantidad posible de retroalimentación, consideraciones y cálculos previos. Todo esto proviene del trabajo diario y de compartir muchísimo, así como de realmente escuchar e incorporar las respuestas que recibes.

Esto me lleva a las redes sociales...

Hoy en día es muy popular odiar las redes sociales. Estamos inundados con el mensaje de que las redes sociales nos perjudican, nos pudren el cerebro y arruinan nuestra sociedad. Instagram, TikTok, Snapchat, Facebook y Twitter nos animan a ser divisivos, a promover versiones falsas de nuestras vidas que nos hacen sentir inseguros sobre nuestras realidades, y a agotar nuestro tiempo y energía, haciendo más difícil dormir, conectar y estar presentes fuera de las redes.

Bien, ahora que ya hemos dejado todo eso de lado (y por si sirve de algo, estoy de acuerdo con todas esas afirmaciones hasta cierto punto), quiero contarte por qué las redes sociales son probablemente la mayor innovación que ha ocurrido para los artistas desde la electricidad, y por qué si eres un creador de cualquier tipo que vive en estos tiempos, deberías inclinarte a los pies de las redes sociales y concederles tu máximo respeto, adoración y atención.

Si quieres tener posibilidades de alcanzar un gran éxito de cualquier tipo, tienes que hacer que la creación de contenidos forme parte de tu rutina diaria. No me importa quién seas; no hay forma de evitarlo. Si eres poeta, tienes que escribir poemas.

Cantantes, tienen que cantar. Jardineros, tienen que plantar semillas. Comediantes, tienen que contar chistes. Abogados, tienen que llevarnos con ustedes a la facultad de derecho, enseñarnos la ley. Creadores, tienen que crear. Invítanos a tu maravilloso mundo, seas quien seas.

Sé que todo esto parece bastante básico, pero es fundamental empezar por el principio. Si aún no estás practicando tu oficio todos los días o trabajando de forma activa para sacar tiempo para practicarlo todos los días, no tiene sentido que estés leyendo este libro.

No hay atajos para el éxito. Al menos, no para mi definición de «éxito».

> Si quieres tener una oportunidad de éxito a largo plazo como creativo de cualquier tipo, tienes que hacer que la creación de contenidos forme parte de tu rutina diaria.

Ya sabes que cuando yo estaba empezando, escribía canciones todos los días y cantaba hasta altas horas de la noche. Habría cero posibilidades de tener el tipo de éxito del que disfruto hoy si no hubiera hecho todo eso. Así que lo diré de nuevo: si quieres tener una oportunidad de éxito a largo plazo como creativo de cualquier tipo, tienes que hacer que la creación de contenidos forme parte de tu rutina diaria. No es negociable. Y, sinceramente, esa es la parte fácil.

Lo complicado es qué hacer con este contenido que creas cada día. No todo va a ser genial. Tal vez tengas algunos poemas experimentales que escribiste en la ducha, unas cuantas páginas de una novela que sabes que no están ni bien ni mal, un diseño gráfico que es un poco unidimensional o chistes que no son los más graciosos. La buena noticia es que te llevas una estrella de oro por ir tras ello. Así es exactamente como mejorarás. La mala noticia es que el camino hacia el dominio de tu oficio se cruzará con algunas cosas que no son del todo buenas.

Si necesitas algo de validación, déjame que te hable de los orígenes de la canción «Wiggle». Cuando escribí esa canción por primera vez, la letra era: «*You know what to do with that big black truck*» («Ya sabes qué hacer con ese gran camión negro»). Sí, ya sé. Era terrible. Incluso grabamos la canción con esa letra y, después de la sesión, estaba en un dilema. Me gustaba la canción, pero estaba bastante seguro de que no iría a ninguna parte debido a esa horrible letra. No la apoyaba del todo, así que no valió la pena correr ese riesgo.

Así que, sí, sé un par de cosas sobre el ajetreo diario y los inevitables resultados colaterales. No fue hasta que transformamos la letra a «*You know what to do with that big fat butt*» («Ya sabes qué hacer con ese culote») que de veras se reveló la magia de esa canción. Tuvimos que fracasar la primera vez para que esa magia se convirtiera siquiera en una posibilidad. Pero eso no significaba que publicar la canción fuera menos arriesgado. Seguía siendo una letra bastante arriesgada. La única diferencia era que esta vez yo creía en ella, así que estaba dispuesto a arriesgarme.

La verdad es que no siempre sabrás lo que apesta y lo que

no, qué riesgos valen la pena y cuáles aterrizarán con un golpe sordo. Seguro que tienes alguna idea de lo que te gusta y lo que no, pero tus opiniones no son objetivas. Hasta que no recibas la reacción de otras personas, estarás más bien actuando a ciegas.

Ah, ¿pensabas que solo confié en mi instinto para «Wiggle»? ¿Incluso después de cambiar la letra? Por supuesto que no. Cuando toqué esa segunda versión de la canción para la gente, presté mucha atención a cómo reaccionaban. Casi todos quedaron fascinados. Esta respuesta validó lo que yo ya pensaba, pero sabía que mi opinión no contaba mucho sin esa validación.

Entonces, ¿qué puedes hacer con el contenido que no recibe la mejor reacción? Durante mucho tiempo, la respuesta era... nada. Así era durante mi niñez. Todas aquellas canciones que escribí durante mi ascenso en esencia carecían de sentido. Sí, me ayudaron a crecer. Formaban parte del proceso. Eso es sin duda valioso. Pero como productos en sí, no valían nada hasta que estuve preparado para dar un gran salto de fe e intentar que me firmara una discográfica.

En ese momento, reunía lo que creía ser lo mejor de mí en una demo y esperaba que fuera lo suficientemente buena como para llamar la atención de la gente. Sin embargo, con la llegada de las redes sociales, esos días han pasado a la historia. Para mí, todo empezó a cambiar cuando empecé a publicar canciones en Myspace. Era como una tarjeta de presentación. La gente que conocía o con la que me ponía en contacto podía ir ahí y escuchar mis canciones.

Fui uno de los primeros en adoptar las redes sociales como lugar para publicar contenido, pero ahora los caminos hacia el éxito en todo tipo de industrias están en proceso de entremezclarse y desdibujarse y fusionarse con las redes sociales de una forma alocada y emocionante. Y ese contenido que ayer quizás te parecía inútil, hoy es perfectamente factible compartirlo. Tienes una plataforma con el potencial de llegar a millones y millones de ojos, en la que puedes subir tu trabajo de forma gratuita y recibir respuestas inestimables. Esa retroalimentación puede venir en forma de «me gusta» o comentarios, o puede venir en forma de silencio. En cualquier caso, presta atención a lo que dice o deja de decir tu público.

Ya estás creando contenido a diario. Al menos, eso espero. Ahora, empieza a publicarlo. Si estás en trajín diario aspirando a algo, publícalo. No importa la plataforma que elijas. Lo único que importa es que lo saques al universo para que la gente lo vea, lo oiga y reaccione.

La gente te dirá una y otra vez que eres una marca. Tu marca debe tener una identidad y, por lo tanto, tu contenido tiene que ser consistentemente de tal o cual manera, y siempre dentro de los confines de tu marca definida. Ese consejo está pensado para mantenerte asustado por no decir limitado. También está pensado para alguien que ya tiene éxito, una entidad conocida. Ese es el momento de ser diligente a la hora de mantener una marca.

Por ahora, preocuparse por mantener una identidad de marca es poner el carro delante de los bueyes, como suele decirse. Si el trabajo que estás creando ya es bastante coherente, estupendo. Pero el mejor momento para experimentar y explorar es a medida que vas creciendo. Prueba algo que no hayas probado nunca, ya sea en otro género u otra voz, o algo que sea simplemente descabellado. Nunca se sabe dónde puedes encontrar una chispa. Es mucho más difícil salirte con la tuya una vez que estás más establecido y la gente espera algo más de tu trabajo.

Tus dos primeros trabajos como creador o simplemente como perseguidor de la grandeza son (1) crear contenido y (2) hacerlo público. Eso es todo.

Si has creado algo un poco raro porque tu energía creativa te ha llevado hoy en una dirección extraña, puede que no estés seguro de querer o no publicarlo en tu cuenta principal. ¿Por qué no creas una cuenta nueva con un alias y lo publicas allí? O, si en general utilizas TikTok, sube algo diferente a Instagram, o viceversa. Quizá tengas treinta y cinco cuentas diferentes, y cada una de ellas tenga un punto de vista distinto. Si te esfuerzas e inundas tus páginas con ese contenido todos los días, créeme, estás en el camino del éxito.

Este enfoque funciona para cualquiera. Lo más importante es poner manos a la obra cada día y hacerlo visible para ti y para los demás. Así es como creas una responsabilidad hacia ti mismo y una evolución de la que puedes hacer un seguimiento. A medida que observes cómo cambia y se desenvuelve tu trabajo, desarrollarás un sentido de confianza en ti mismo y la seguridad que necesitarás cuando llegue el momento de arriesgarte.

Por ejemplo, cuando decidí cantar mi nombre en «Whatcha Say», no surgió de la nada. Llevaba años escribiendo y grabando canciones, y sabía por experiencia qué tipo de riesgos tenían más posibilidades de dar grandes resultados. Este era uno de ellos. Y también lo fue «Wiggle», ¡pero definitivamente no con la letra original!

Como humanos, tendemos a esperar a que llegue el momento

adecuado para hacer algo. Empezaré mi dieta la semana que viene porque este fin de semana voy a salir para el cumpleaños de mi amiga. Empezaré a publicar mi arte en Instagram cuando mejore un poco. Empezaré a publicar versiones de canciones en línea cuando consiga un videógrafo. Cuando tenga suficiente dinero, podré empezar mi negocio. Siempre hay una razón para esperar.

Pues, ¡a la mierda! Empieza hoy. Encuentra una manera. Siempre hay una manera. En todo caso, a la gente le encantará ver tu viaje y apreciará la realidad de la infancia de tu arte. Un día, cuando seas la bestia que quieres llegar a ser, te alegrarás tanto de haber empezado cuando lo hiciste, y podrás mirar atrás y ver lo lejos que has llegado.

>> Empieza hoy. Encuentra una manera. Siempre hay una manera.

A medida que acumules retroalimentación y aprendas a confiar en ti mismo, empezarás a ver surgir oportunidades que te permitirán arriesgarte y abrirte camino. Es importante encontrar un equilibrio entre escuchar esas dos cosas: tus propias opiniones y la retroalimentación que recibes de los demás. Verás que cuanto más incorpores esa retroalimentación y crezcas como artista, esas dos cosas se irán alineando cada vez más.

Todos los que han triunfado a lo grande en cualquier medio han descubierto su propia magia y lo han hecho a su manera. Solo hay uno de cada una de esas personas, y solo hay un Jason

Derulo, y solo hay un tú. Para ser sincero, ahí se encuentra la mitad de la magia.

« »

Dicho todo esto, es importante comprender que el fracaso es, y siempre será, parte de correr riesgos. Como persona creativa e innovadora, vas a fracasar. Es inevitable, y tienes que saberlo desde el principio. No te engañes y acabes sorprendiéndote cuando ocurra.

Dicho esto, nadie quiere fracasar. Entonces, ¿cómo saber cuándo arriesgarte y cuándo probar una ruta más segura? El mejor consejo que tengo para ti es que intentes minimizar el dolor de un posible fracaso investigando todo lo que puedas y corriendo hacia cosas que te gusten a nivel personal. Si no te gusta el riesgo que corres, si no te parece excepcional en todos los sentidos, ¿por qué arriesgarte? Ese fracaso te dolerá diez veces más y te darás patadas por haber apostado por un riesgo con el que no estabas obsesionado desde el principio.

La mejor forma de ilustrarlo es con las inversiones. Hace un par de años empecé a buscar oportunidades para invertir mis ahorros. Llevaba años observando a otros artistas, como Jay-Z y P. Diddy, crear negocios en torno a su arte, y estos negocios, cuando funcionan, ofrecen enormes y constantes beneficios. Pensando que estaba tomando la ruta de inversión más segura posible y emulando a estas dos leyendas que admiraba, decidí invertir en las marcas «tradicionales» que abastecían a los músicos: ropa y alcohol.

Permítanme ser claro, en retrospectiva, la inversión en sí no fue el error, sino la decisión de rodar sin pedalear a nivel intelectual. No actué con la diligencia debida y asumí que lo que funcionaba para Jay-Z y P. Diddy funcionaría para mí. No me paré a pensar: «Espera, ¿qué estoy arriesgando aquí? ¿Qué me gusta de las cosas en las que estoy invirtiendo? Si este dinero no va a ninguna parte y desaparece, ¿me sentiré cómodo con el riesgo que acabo de correr?». La respuesta —si me hubiera parado a hacerme estas preguntas— habría sido un rotundo «no». Había construido toda mi carrera sobre decisiones no tradicionales, entonces, ¿por qué había pensado que invertir sería diferente? A fin de cuentas, perdí más de seiscientos mil dólares en estas inversiones en un abrir y cerrar de ojos. Lección aprendida.

Sin embargo, uno de los grandes regalos del fracaso es el conocimiento. Alrededor de un año después, conocí a un empresario y hombre de negocios llamado Danny White. Todavía dolido por mis fracasos, me pasé la noche interrogándolo sobre negocios en ciernes y nuevas ideas geniales que necesitaban apoyo financiero. Me di cuenta de que tenía una idea en mente, pero no estaba seguro de si debía proponerla. Le dije que me arriesgaría con gusto. Al día siguiente, me presentó un gráfico tras otro y una hoja de cálculo tras otra con argumentos convincentes y persuasivos para invertir en... empresas de lavado de carros. Sí, has leído bien. Me opuse a la idea. No había nada menos sexy que el lavado de carros del barrio. Pero debo decirte que, después de investigar, estaba más que convencido de que se había producido un cambio y una agitación masivos en el sector del lavado de carros, que había pasado de los pagos únicos a los modelos de suscripción. La inversión realmente sería un riesgo, pero luego de pasar noche tras noche perdido en los detalles, sabía que era un riesgo que estaba dispuesto a correr. Si el dinero se esfumaba, seguiría estando orgulloso y contento de haberlo hecho. Para demostrar lo que digo sobre la investigación, esa empresa de lavado de carros ha sido uno de mis mayores éxitos financieros y me ha hecho ganar una tonelada de dinero. Ceñirte a tu propia investigación y seguir tus propias reglas te llevará por caminos que nunca esperaste. Danny y yo hemos tomado juntos muchas decisiones que me han llevado a sectores nuevos e imprevistos, desde el voleibol hasta el cuidado de la salud y el acondicionamiento físico. Solo una de estas inversiones está valorada en más de dos mil millones de dólares. Me alegro tanto de no haberme asustado demasiado tras mis fracasos iniciales de inversión para probar algo nuevo.

Danny me dijo una vez: «Sigue tu instinto. Si estás obsesionado con la idea, lo más probable es que otras personas también lo estén». Recuerdo que pensé, «Espera, ¡esa es mi línea!». Este es un consejo que siempre había seguido en el mundo de la música, ¿por qué no iba a funcionar también en los negocios? Las reglas fundamentales que estás leyendo en este libro son fundamentales por una razón: se aplican a todas las historias de éxito en todos los ámbitos. Cuando me di cuenta de esto, supe que tenía que escribir este libro y compartir este conocimiento contigo. La moraleja de la historia es la siguiente: la mayoría de las veces que te arriesgues, te caerás de bruces. Y no pasa nada. En realidad, es estupendo, porque lo único que tienes que hacer es aprender de ese fracaso, levantarte y volver a hacerlo. Si fracasas nueve de cada diez veces, pero esa décima vez tienes éxito, eso es lo único que importa.

> Si fracasas nueve de cada diez
> veces, pero esa décima vez
> tienes éxito, eso es lo único que
> importa.

Stephen Curry es un jugador de baloncesto increíble porque puede fallar trece triples seguidos y aun así lanzar el decimocuarto. La mayoría de la gente no hace eso en la vida real. Fallan una vez y, de repente, están demasiado asustados para arriesgarse de nuevo. Se rinden.

Creo que por eso bastantes artistas se retiran mucho antes de que se les acabe el jugo creativo. Yo no. Yo fracasaré con gusto 1 000 000 de veces, porque sé que en el riesgo número 1 000 001 es cuando me voy a calentar.

Mira, a nadie le gusta fracasar. No es divertido en su momento, pero estoy tan agradecido por todos los fracasos que he tenido. Te diré sinceramente que cada uno de ellos ha sido mejor para mi carrera a largo plazo que todos mis éxitos juntos. He aprendido de mis fracasos, he crecido gracias a ellos y me he mantenido humilde gracias a ellos. Si pudiera volver atrás en el tiempo y convertir esos fracasos en éxitos, no lo haría.

Te daré un ejemplo.

He hecho muchas piezas que han sido éxitos, pero no a todas mis canciones les va bien, y esos temas son como mis bebés. Pongo mi corazón en todo lo que hago, pero se necesitan muchas más horas para escribir y grabar una canción que para crear un video de TikTok. Cuando una canción no es recibida como yo espero, duele.

Hay una canción en particular que me llenaba de orgullo, pero que aterrizó con un golpe sordo: «Cheyenne». Cuando oí por primera vez la línea del bajo de esa canción, pensé que se parecía mucho a algo que habría hecho Michael Jackson. Desde que era pequeño, Michael ha sido, y sigue siendo, una de mis mayores inspiraciones, así que la canción me atrajo al instante.

En el proceso de composición, saqué a relucir muchas más de esas influencias, y mis coautores y yo creamos una historia sobre un amor perdido hace mucho tiempo llamado «Cheyenne». Una vez más, era algo personal para mí, ya que se basaba en una mujer real con otro nombre. Mientras escribíamos, podía ver con facilidad en mi mente el aspecto que tendría el video: oscuro y tenso, con muchas imágenes de mí atrapado y atormentado por el recuerdo de Cheyenne. Ver estas imágenes en mi mente inspiró aún más la canción.

Cuando grabamos la canción en el estudio, me pareció mágica. Incluso había traído a una guitarrista llamada Orianthe, que había tocado con Michael, para que tocara en «Cheyenne». En cuanto entró al estudio, me dijo que se había quedado alucinada con el disco y que podía sentir el espíritu de Michael en la canción.

Escuchar eso consolidó todo para mí. Este iba a ser mi próximo éxito número uno. Como he dicho, siempre hay un delicado equilibrio entre prestarle atención a tus propias opiniones y estar abierto a los comentarios de los demás. Esta vez, ambas cosas me decían que «Cheyenne» era algo especial, y que se trataba de otro momento crucial que podría cambiar realmente el alcance de mi carrera.

Y no solo fue Orianthe. A todo el mundo para el que toqué «Cheyenne» le encantó. Esta respuesta me hizo sentir como si fuera a convertirme en un artista diferente y más respetado en la mente de la gente una vez que escuchara la canción.

Sí, pero no fue así.

Cuando lanzamos «Cheyenne», vi algunos atisbos del tipo de éxito que esperaba que tuviera. Solo dos semanas después del lanzamiento, actué «Want to Want Me» con Taylor Swift como invitado en su 1989 World Tour en Washington D. C. Después del espectáculo, Taylor tuiteó sobre la actuación y mencionó lo mucho que le gustaba mi nuevo sencillo, «Cheyenne». Fue un gran momento. La gira de Taylor fue la más taquillera de ese año y también fue aclamada por la crítica. Significó mucho que mencionara la canción.

Más tarde, cuando conocí a Michael Jordan por primera vez, me dijo que «Cheyenne» era su canción favorita. Eso me dejó alucinado. Es uno de los hombres negros más inspiradores e influyentes que han existido, así que fue algo muy importante para mí en lo personal.

Muchos críticos también mencionaron lo mucho que «Cheyenne» les recordaba una canción típica de Michael Jackson. Supuse que todo este amor por «Cheyenne» se trasladaría a las masas. ¿Por qué no iba a ser así? Pero a nivel comercial no dio en el blanco, ni mucho menos llegó al número uno. Esa canción apenas arañó el top cuarenta.

Aunque valoré y aprecié mucho el apoyo que «Cheyenne» recibió de los famosos, ya sabes que no es así como yo defino el éxito. Para mí, una canción que esperaba que llegara al número uno y que acabó teniendo poca tracción comercial es nada menos que un fracaso. Y como esta canción significaba tanto para mí y tenía tantas esperanzas puestas en ella, me dolió mucho.

Como hago con todos mis fracasos, intenté por todos los medios dejar a un lado mi propia decepción y analizar por qué «Cheyenne» no había funcionado. ¿En qué me había equivocado? «Cheyenne» era sin duda una de mis canciones más oscuras. El video, que en gran parte era fiel a mi visión original, también era oscuro.

Sabía que publicar algo más oscuro y hacer un video cinemático era un riesgo, pero estaba tan convencido de que daría buenos resultados que me pareció que valía la pena. Esta vez me di cuenta de que no era lo que mi público en particular quería de mí. Quizá «Cheyenne» habría funcionado mejor si hubiera venido de un artista cuyas canciones fueran conocidas por ser un poco más oscuras. A pesar de mi decepción y dolor, fue una valiosa lección.

Con el tiempo, fracasos como este me han enseñado a no ser tan preciado con mis canciones. Mi trabajo es hacer arte y compartirlo con el mundo. Pero una vez que está ahí fuera, tengo que dejarlo ir. No es fácil hacer esto con algo en lo que he puesto todo mi corazón y toda mi alma. Pero no puedo obligar a mi público a sentir lo mismo que yo por una canción que compongo. Al otro lado de la creación de algo significativo para ti, es más útil considerar por qué tuvo éxito o fracasó, y seguir adelante con este nuevo conocimiento en la mano.

« »

Si creas un producto al que la gente no responde, lo único que puedes hacer es seguir adelante y continuar trabajando en tu oficio. Con el tiempo, lo harás bien; mientras tanto, mejor disfruta del proceso. Una de las razones por las que no me frena el fracaso es que estoy obsesionado con los procesos creativos de componer canciones y hacer videos.

Me encantó cada minuto que pasé escribiendo y grabando «Cheyenne». No volvería atrás ni un minuto. Y para cuando salió a la venta y fracasó, ya estaba metido de lleno en el proceso de escribir y grabar más canciones, e igual de encantado con cada minuto.

Sea cual sea tu objetivo, estoy seguro de que el destino será genial, pero la verdadera magia está en el viaje. Para mí, una fuerza motriz siempre ha sido no solo el éxito, sino el camino hacia el éxito. Me enamoré de practicar, de mejorar e incluso de caerme de bruces. Y no solo me pasa a mí. Cuando piensas en todos los grandes —en cualquier campo—, casi todos están enamorados del proceso.

Este amor es lo que me impide dejarme llevar demasiado por todos los altibajos que conlleva ser creador, porque sin duda llegarán. Simplemente mantengo la cabeza gacha y me centro en lo que viene y en cómo puedo hacerlo lo mejor posible. Si sigues avanzando y te concentras en el trabajo, todo lo demás llegará como debe. Empezarás a correr riesgos que definitivamente terminarán dando sus frutos.

Así es exactamente como me fue a mí. Un ejemplo: la canción «Talk Dirty». Casi todo en esa canción era un riesgo. Primero, todo el concepto de la canción era personal de una forma que muchas de mis otras canciones no lo son. Surgió de una experiencia casual con una chica que quería que hablara más. No paraba de preguntarme: «¿Por qué eres tan callado?».

Me dio tanta pena y pensé: «Maldita sea, no sabía que tenía que "soltarlo", por así decirlo». Me lo había estado guardando todo.

Con el tiempo y la experiencia, me di cuenta de que debía y podía ser más vocal en los momentos adecuados. Empecé a ejercitar ese músculo, y poco a poco mejoré. Con el tiempo, se dio vuelta la tortilla y me convertí en la persona que le decía a una chica que estaba bien que lo soltara. En otras palabras... háblame sucio.

Luego estaba el sonido único que creamos para la canción. En «Talk Dirty», decidí trabajar con un productor llamado Ricky Reed, que se hace llamar «Wallpaper». «Talk Dirty» fue una de las primeras canciones que produjo a gran escala. Muchos artistas no trabajan con un productor a menos que ya tengan un montón de éxitos en su haber, pero Wallpaper tenía un sonido único. Quería arriesgarme y trabajar con alguien nuevo que tuviera algo fresco y emocionante que aportar.

Dentro de todo, «Talk Dirty» era lo más singular que se podía encontrar, desde la letra hasta el sonido general y los metales que apoyan el gancho. En su momento, no había nada como eso en la radio. Y eso era justo lo que me encantaba de esa canción. Aparte de mi ética de trabajo, creo que mi mayor fortaleza es mi voluntad de experimentar. Me encanta probar cosas sin miedo alguno, y eso es porque me enfoco en el proceso tanto como en el resultado.

Antes de lanzar «Talk Dirty», sabía que o bien lo tacharían como la basura más cafre, o bien sería un exitazo. Cuando haces algo tan fuera de lo común, corres el riesgo de que te llamen genio o de que se rían de ti. Para mí, cualquiera de esos dos resultados es mejor que ceñirse al molde y ser ignorado.

Los riesgos fracasan estrepitosamente o triunfan a lo grande, y eso es bueno. El gran arte suele polarizar a la gente. O lo aman o lo odian. De todas maneras, causa un impacto al obligarlos a sentir algo. Eso es mucho mejor que si se alejan de tu arte diciendo: «Meh».

> Los riesgos fracasan estrepitosamente o triunfan a lo grande, y eso es bueno. El gran arte suele polarizar a la gente. O lo aman o lo odian.

Puedes ser un creador de novedades o ir a lo seguro siguiendo las tendencias. ¿Cuál crees que tiene más probabilidades de ser ignorado? Mi consejo es que seas disruptivo. Nunca quise que mis canciones encajaran en el molde de lo que ya sonaba en la radio. Mientras componía «Talk Dirty», me preguntaba todo el tiempo cómo podía ser polarizador y relacionable al mismo tiempo. De nuevo, estaba dándole mi propio toque a una fórmula establecida.

Acabaron riéndose de mí y llamándome genio. La crítica fue un poco dura con «Talk Dirty», pero al público le encantó. «Talk Dirty» alcanzó la primera posición en varios países y estuvo entre los diez primeros en más de una docena de otros, incluido Estados Unidos. Ya sabes que mi público y esas cifras significan más para mí que cualquier cosa que pueda decir un crítico.

Mientras tanto, Wallpaper se ha convertido en uno de los productores más solicitados de la actualidad, y ha vuelto a trabajar conmigo en algunas de mis canciones más importantes, como «Wiggle», «Get Ugly» y «Swalla». Me alegro tanto de haberme arriesgado con él y de haberme arriesgado con esa canción en general.

Otro riesgo que me ha valido la pena ha sido empezar a dirigir mis propios videos musicales. La primera vez que lo hice, sabía que realmente me estaba arriesgando. Asumí todo el presupuesto del video y controlé exactamente cómo se iba a gastar. Además, estaba en juego mi propio éxito, no el de otro artista. Si el video fracasaba, sería como marcarme un gol en contra. Necesitaba que fuera bueno.

Para ese primer video, me entregué totalmente con la mentalidad de que el fracaso no era una opción. Pero eso no significa que iba a apostar por lo seguro. Significa que utilicé todos los consejos que he compartido en este capítulo para calcular y mitigar ese riesgo tanto como fuera humanamente posible.

En retrospectiva, esta es la misma actitud con la que he enfocado toda mi carrera. En muchos sentidos, toda mi vida ha sido un enorme riesgo. Y aunque pueda estar dispuesto a fracasar a pequeña escala con una canción o un video de TikTok, no estoy en absoluto dispuesto a fracasar a gran escala, eso nunca ha sido una opción para mí.

Cuando estaba empezando, la gente siempre me decía que necesitaba un plan de contingencia, pero yo ignoré ese consejo. En mi mente, esto era lo que iba a hacer. Era todo o nada. Y ese enfoque siempre me ha funcionado bien.

Mira hacia delante, hacia el panorama general de tu carrera. Si sabes en el fondo de tu corazón que, pase lo que pase, no te permitirás fracasar en lo grande, eso te libera para experimentar, probar cosas nuevas, asumir riesgos y fracasar a menor escala. Fracasa de manera estrepitosa. No pasa nada. De hecho, está bien.

>> Fracasa de manera estrepitosa. No pasa nada. De hecho, está bien.

Piénsalo así: a todo el mundo le gusta una buena historia de superación. Así que fracasa hoy, y mañana inspíralos con la historia de cómo te recuperaste. Haz que se arrepientan de haber dudado de la persona que eras.

Siempre me digo que la persona que soy hoy no es la persona que seré mañana. Eso me hace aspirar a alturas cada vez mayores. No te voy a mentir. Cuando te resbalas y te caes, puede ser duro en el momento. A veces duele, sin duda. Pero cuando te vuelves a levantar y lo intentas de nuevo, estás haciendo que la versión futura de ti se sienta orgullosa de la persona que eres hoy. Y al final, esa es la única persona en este mundo que de veras importa.

2

ABRE LAS PUERTAS CERRADAS.

« »

PERO PASA PRIMERO POR LAS QUE ESTÁN ABIERTAS.

Cuando estaba empezando, no había puertas abiertas para mí. No tenía contactos, ni dinero, ni una forma evidente de acceder a mi sueño. Pero en lugar de golpearme la cabeza inútilmente, pude reconocer cual puertas se abrirían de forma más fácil que otras.

Nunca habría podido alcanzar mi sueño de ser cantante si hubiera seguido llamando a una puerta que estaba cerrada y con llave. Al abrir la puerta que cedía un poco más fácilmente —la composición de canciones—, al final pude conseguir la llave para abrir la puerta de mi verdadero sueño.

« »

Cuando tenía cuatro años, estaba sentado en el suelo de la sala de estar de mi familia, delante de nuestro pequeño televisor. En la pantalla estaba Michael Jackson actuando en vivo en Bucarest, Rumanía, en su gira Dangerous World. Con la mirada fija en la pantalla del televisor, estaba totalmente hipnotizado por cada detalle de la actuación.

—Mamá —dije, dándome la vuelta para mirar a mi madre, que estaba sentada en el sofá detrás de mí doblando la ropa. De niño, creo que nunca la vi sentada relajándose. Si no estaba trabajando, estaba haciendo algo en casa, aprovechando al máximo lo poco que teníamos—. Algún día seré como él —le dije—. Eso es lo que voy a hacer.

Mi mamá solo me sonrió con puro amor en los ojos. Nunca me disuadiría de perseguir mis sueños, pero incluso a esa edad me daba cuenta de que pensaba que solo era una fantasía. La verdad es que no me importaba. Sabía que algún día podría dominar un escenario como ese. Si Michael podía hacerlo, razoné, ¿por qué yo no?

Ese fue el día en que empecé a cantar cada vez que podía. No me refiero a cantar de vez en cuando como harían otros niños, incluso otros niños a los que realmente les gustaba cantar. Cantaba todo el maldito tiempo, en cada momento de cada día. Tenía una voz decente, y cuanto más cantaba, más mejoraba.

Mi familia se dio cuenta de mi obsesión por cantar. Pensaban que era tierno, y encantados me dieron muchas oportunidades para practicar delante de un gentío. Cuando era niño, mi enorme familia celebraba fiestas de cumpleaños literalmente todos los fines de semana. Mi mamá era la menor de quince hermanos, y casi todas esas familias vivían cerca. ¡Quince! La verdad es que ni siquiera sé exactamente cuántos primos tengo. Quizás sean cientos.

Mi mamá y sus hermanos nacieron en Haití. Cuando ella era niña, su hermano Tipaul vino a Estados Unidos y, cuando pudo permitírselo, mandó a buscar a cada uno de sus hermanos, uno por uno —la clásica historia de inmigrantes—. Una vez que todos habían llegado a Estados Unidos, el grupo entero vivió en Nueva York durante unos años y luego emigró por la costa hasta el sur de Florida.

Cuando nací, mi familia se había apoderado de todo un barrio de Carol City, una ciudad que está a media hora al norte de Miami. Ni siquiera exagero cuando digo que nos adueñamos de ese lugar. Crecí en una calle sin salida en la que todas las casas estaban ocupadas por al menos una de mis tías o tíos y sus familias.

Solo en mi cuadra tenía unos veinte primos que habían nacido durante mis primeros diez años de vida. El resto de mis parientes vivían a la vuelta de una esquina u otra. Me llevaba mejor con mi hermano Joey y mis dos primos Harry y Henry. Ellos tenían seis años más que yo y parecían trillizos. Ese era mi grupo, y ahora los tres trabajan conmigo. Para mí, la familia era algo constante y cotidiano en mi infancia, y sigue siéndolo.

Como de todos modos siempre estaba cantando y era el mejor cantante de la familia, me tocaba a mí cantar el «Feliz cumpleaños» solo delante de la gran multitud que se reunía en cada fiesta. Con toda esa gente, celebrábamos al menos un cumpleaños cada semana, a veces incluso más. Solo hay cincuenta y dos semanas en un año, y en mi familia había mucha más gente que eso.

Aquellas fiestas estaban encendidas. No sé cómo conseguíamos meter a cien o más personas en nuestras casas cada fin de semana. Estábamos lejos de ser ricos. Carol City tenía fama de ser una zona bastante dura, y mis padres y sus hermanos se esforzaban y se sacrificaban para poder permitirse sus pequeñas casas allí. No se parece en nada a cómo vivo yo hoy. Salí de las trincheras, y me aseguro de nunca dar eso por sentado.

En cada fiesta familiar, el saludo duraba al menos veinte minutos. No importaba que nos viéramos todo el tiempo. Cada mujer necesitaba un beso en la mejilla y cada hombre un apretón de manos y un abrazo. Era todo amor y toda comida. Tanta. Comida. Pollo y arroz, plátanos y mi plato favorito, *griot*, un clásico cerdo frito al estilo haitiano.

Mi mamá y mis tías cocinaban tanto que llegaron a desarrollar tolerancia al aceite caliente. Una vez bromeé en TikTok diciendo que mi mamá ni siquiera necesitaba usar utensilios de cocina porque podía meter la mano en el aceite chisporroteante y voltear la carne con las manos desnudas. Pero en realidad no bromeaba. Mi mamá y mis tías nunca sintieron el calor. Los olores eran una locura, y los ruidos, fuertes y alegres. Ese era mi hogar.

Mientras tanto, lo de mi padre y mis tíos eran la música haitiana, el ron haitiano y el baile. Yo solía pasar el rato con ellos. Mi tío Jacques me daba un dólar para que hiciera los pasos de baile de MC Hammer delante de nuestros parientes, y yo siempre le cantaba a la cumpleañera o al cumpleañero.

En esas fiestas semanales me curtí como artista. Eso sí que fue mucha práctica. Todos mis parientes que me observaban pensaban que era un niño bonito que se divertía, pero yo sabía en el fondo y, sin lugar a dudas, que me estaba preparando para algo mucho más grande.

Mi obsesión por cantar no hizo más que crecer a partir de ese momento. No era un niño normal que salía con amigos o veía la tele después de la escuela. En lugar de eso, me encerraba en mi cuarto a cantar a pleno pulmón con canciones de Michael Jackson, Usher o Tevin Campbell.

Mis padres querían apoyarme como podían, pero esto era algo totalmente nuevo para ellos. Eran inmigrantes que solo intentaban salir adelante. No había nadie en nuestra familia ni en nuestro círculo que estuviera en la industria musical o del entretenimiento, así que no tenían ni idea de por dónde empezar.

Aun así, mi mamá nunca me hizo sentir que mis sueños estaban fuera de mi alcance. Cuando vio lo obsesionado que estaba, me apuntó a un campamento de verano de artes escénicas. Ni siquiera sé cómo fue capaz de pagar eso, pero me encantaba estar allí y me sentía como pez en el agua. Al final del verano, pidió hablar con el director del coro.

—No sé qué hacer con él —le dijo mi mamá—. Se pasa el día cantando. ¿Qué hago? El director animó a mi mamá a matricularme en una escuela de artes escénicas, y eso fue lo que hizo.

Empecé a ir a Bethune Elementary School of the Arts, que estaba a más de hora y media de mi casa. Así es: en la escuela primaria tenía un viaje igual de largo que en la secundaria. Desde esa temprana edad, tenía que levantarme a las cuatro de la mañana para agarrar el autobús de las cinco que me llevaba a la escuela, y de ida y vuelta me pasaba tres o cuatro horas en ese autobús todos los malditos días. Pero nunca me importó, porque ir a Bethune me daba la oportunidad de cantar aún más.

Cantaba siempre que estaba en casa, y cantaba con el coro en la escuela. Y me aseguraba de que mi voz siempre fuera la más fuerte del grupo para que todos pudieran distinguirme de los demás. En la escuela también empecé a aprender teoría musical y a leer música, que fueron importantes conocimientos para aprender tan joven.

Lo curioso fue que, con todo este tiempo y práctica en el canto, no sabía bien qué cantar, porque no podía recordar la letra de ninguna canción. No tenía problemas con las melodías, pero era un desastre con las letras. Mi cerebro siempre ha sido algo diferente en ese sentido, y sigue siéndolo. Elige lo que quiere recordar, y cuando se trata de nombres de personas y letras de canciones, está perdido.

No tardé en darme cuenta de que no tenía problemas para recordar las letras cuando las escribía yo mismo. Así que empecé a escribir canciones. Comencé a improvisar melodías y letras, y resultó que se me daba muy bien. Además, era divertido.

Pronto me encontré metido de lleno en la creación de mi propia música. Durante aquellos largos viajes en autobús de ida y vuelta a la escuela e incluso cuando estaba sentado en clase, estaba ocupado pensando en melodías, soñando con ideas para canciones y escribiéndolas en mi cuaderno. Me absorbía tanto que me costaba concentrarme en mis deberes. Llegó un momento en que mis maestros pensaron que tenía TDAH porque me distraía todo el tiempo. Pero simplemente estaba perdido en mi propio mundo de componer música.

No hay nada en el mundo como sentarse en un cuarto a escribir una canción. Solo estamos las cuatro paredes y yo. No tengo ni idea de lo que voy a crear, de adónde me va a llevar mi creatividad o de cómo acabará sonando la canción. Simplemente me pregunto: «¿Qué tienes hoy en el corazón?» y partimos de ahí.

A veces las palabras surgen cuando estoy solo; otras veces la magia sucede en grupo. Por ejemplo, cuando escribí la canción «Swalla», estaba colaborando con LunchMoney Lewis, mi amigo de la infancia, J Kash y Wallpaper. En aquel momento estaba metido en la onda del reggae jamaicano, y andaba escuchando un montón de canciones de reggae en el carro de camino al estudio. Me recordaban mi infancia, cuando mi hermana estaba obsesionada con la música jamaicana. Pero yo soy haitiano, así que pensé que sería genial tomar una onda reggae y añadirle un toque de kompa. El kompa (o *konpa* en criollo francés) es el estilo de música más popular en Haití, y se inspira en el jazz y el merengue.

Desde el carro, llamé a Wallpaper y le expliqué todo esto. Cuando llegué al estudio, tenía preparado un ritmo increíble. LunchMoney y J Kash se unieron a nosotros, y los cuatro nos sentamos a escuchar el ritmo y a tararear. Entonces, de la nada, LunchMoney cantó: «Shimmy yay, shimmy yay, shimmy yah...». Los demás nos echamos a reír. Fue un gran momento de alegría y, a partir de ahí, todo fluyó como agua.

Le envié la canción a Nicki Minaj y me dijo: «Voy a meterme en esta mierda».

Nicki escribió su verso y me lo mandó, y era increíble. Lo mismo ocurrió con Ty Dolla $ign. En ese momento, yo sabía que habíamos creado una bestia. Todo el proceso de escribir y montar esa canción fue muy divertido, como suele ser para mí componer canciones.

Cuando era niño y descubrí mi afición a componer canciones, mi objetivo de convertirme en cantante nunca cambió. En
todo caso, componer canciones reforzó mi deseo de cantar, porque sabía que no tendría problemas para recordar mis letras si
las escribía yo mismo. Además, las canciones que componía eran
recursos que me ayudaban a destacar entre la multitud.

En Miami, todo el mundo tiene en la mira conseguirlo. Los
aspirantes a cantantes son como cangrejos en un balde. Para
cuando llegué a mi adolescencia, moría por comenzar mi carrera, pero era un don nadie. Sabía muy bien de todos los obstáculos que se me interponían y, desde afuera, parecía enfrentarme a
una batalla perdida.

Sin embargo, no dejé que eso me detuviera y tampoco perdí
el tiempo pensando en los obstáculos. Siempre que he llegado a
un callejón sin salida a lo largo de mi carrera, he adoptado este
enfoque: «Bueno, pues, eso no funcionó. ¿Qué vamos a intentar
ahora?».

> Siempre que he llegado a un
> callejón sin salida a lo largo
> de mi carrera, he adoptado
> este enfoque: «Bueno, pues,
> eso no funcionó. ¿Qué vamos a
> intentar ahora?».

Sabía que los productores con los que quería trabajar como
cantante intentaban colocar sus canciones con grandes artistas. Así que ideé un plan para ayudarlos a formar parte de ese

camino. Si no querían trabajar conmigo como artista, quizá los podría convencer de que trabajaran conmigo como compositor. Luego podría usar eso como trampolín para algo más grande.

Primero, necesitaba una demo. Pude comprar un equipo de grabación barato, y Joey, Harry, Henry y yo trabajamos juntos para ver cómo utilizarlo. Déjame decirte que fue mucho ensayo y error. Esos tipos han sido mi núcleo desde entonces.

Empezamos a grabar en mi casa, pero hacíamos demasiado ruido. No dejaba dormir a mi mamá, quien tenía que madrugar para ir a trabajar. Siempre ha apoyado mi sueño, pero no iba a dejar de dormir por eso. Así que trasladamos el equipo a casa de Harry, lugar que se convirtió en mi estudio *de facto*. A lo largo de varios meses, grabamos un montón de canciones, y luego elegimos algunas que nos parecieron las mejores y las quemamos en un CD.

Esa era la parte fácil. Ahora la cuestión era cómo hacer llegar esa demo a las manos adecuadas. Tuvimos la idea de intentar crear algo de revuelo local antes de intentar llegar a los productores. Así que nuestra primera parada fueron los clubes. Cada fin de semana, los cuatro íbamos a los clubes de moda de Miami. Mis amigos tenían veintitantos años, pero yo ni me acercaba a los veintiuno. Mientras no fuera el Hard Rock de Fort Lauderdale, era bastante fácil entrar en la mayoría de los sitios. A veces, bastaba con pagarle unos dólares al portero.

Una vez dentro, Joey, Henry y Harry agotaban el saldo de sus tarjetas de crédito comprando botellas e intentando que pareciera que yo era alguien, cuando en realidad era un don nadie. Ah, sí, y también me vestía para el papel. Llevaba largas trenzas en el pelo, un montón de joyas falsas y siempre creábamos algún tipo de conjunto para intentar parecer que estaba a la moda y tenía dinero. No tenía ni lo uno ni lo otro. Con mi camiseta blanca, chaleco gris, jeans y botas altas, esperaba distinguirme.

Entonces nos acercábamos al DJ y le pedíamos que tocara mis canciones. A veces tenía que darles un par de dólares o invitarles a un trago. La mayoría de las veces funcionaba y ponían una de mis canciones. Si no, me sentaba ahí y los molestaba con un «Vamos, pana, apoya a tu ciudad natal», hasta que cedían y la ponían.

Los clubes en los que era más fácil entrar y donde estaban más dispuestos a tocar mis canciones eran los de *striptease*. Crecí bastante rápido al estar expuesto a tantas cosas a una edad tan temprana. Me sentía tan incómodo en esos clubes. No tenía ni idea de cómo actuar. Quería que la gente pensara que era una estrella, no un niño torpe. Miraba a los demás para intentar entender cómo debía actuar. He aprendido mucho en mi vida simplemente observando a los demás.

Ya fuera en un club de *striptease* o en una discoteca normal, cada vez que el DJ ponía una de mis canciones, prestaba mucha atención a cómo respondía el público. La mayoría de las veces, el club no perdía el ritmo. No creaba un gran momento, pero tampoco se sumían en silencio. Simplemente encajaba de forma natural con la música que ya estaba pinchando el DJ. Eso era exactamente lo que yo quería, que la fiesta continuara. Ver que todo el mundo seguía bailando y divirtiéndose con mi música me daba una enorme sensación de validación.

A lo largo del camino, llegué a conocer a todos los DJ de Miami. Uno de ellos era también el director de programación de una emisora de radio. Quería firmarme en un contrato discográfico que le daría el setenta y cinco por ciento de todo el dinero que ganara yo durante el resto de mi carrera. ¡De por vida, gente! Puede que fuera joven, pero no estúpido. De ninguna manera iba a firmar algo así. Por supuesto, sentí que quizás puso mis canciones en la lista negra de la emisora, incluso después de convertirme en una auténtica estrella.

Lo loco era que muchos otros artistas de Miami aceptaron este trato. Entonces él ponía sus canciones en su emisora de radio y en los clubes donde pinchaba, y esto ayudó a que las carreras de esos artistas despegaran.

Había un artista en particular, que tenía más o menos mi edad y procedía de la misma zona que yo. Firmó un contrato con este DJ, luego consiguió un trato más importante y empezó a actuar por todo Miami. Ver cómo se convertía en un fenómeno local me hizo reflexionar. Sentí como si estuviera viendo una versión de quién podría haber sido yo. ¿Había tomado la decisión correcta?

En retrospectiva, me alegro tanto de haberme mantenido firme. No sé dónde está ahora ese artista, pero le deseo lo mejor. Mientras tanto, este DJ acabó con una pésima reputación en la ciudad por su arribismo hacia esos artistas.

Al mismo tiempo, empecé a acercarme a los productores con mi primera demo. Les decía que era compositor y les hacía escuchar mis canciones. También subí todas mis canciones a Myspace, con la esperanza de llamar la atención por la vía popular.

Era un ajetreo incesante. Cantaba y escribía canciones de forma constante, las subía a Myspace, las enviaba a productores y me iba a los clubes. Ah, sí, ¡y acababa de empezar la secundaria! Cuando se cerraba una puerta, seguía moviéndome y buscando la siguiente para abrirla de par en par.

Aunque nadie compraba mis canciones —todavía—, estaba conociendo y conectando con muchos productores, y esas eran conexiones valiosas. A los Fliptones les gustaron mis canciones y me dejaron grabar en el estudio que usaban ellos, Studio Center. Era el primer estudio a gran escala en el que trabajaba, y las instalaciones eran increíbles. Antes solo había grabado en el estudio improvisado que habíamos creado en el sótano de Harry.

Me emocionaba por fin poder crear una demo pulida y con sonido profesional, pero la primera vez que entré al estudio para grabar, tuve dos reacciones opuestas a la vez. Me quedé alucinado con las instalaciones de un millón de dólares. Pero también me sorprendió ver que el lugar era una ruina y que había armas esparcidas por todas partes. Yo no era ajeno a los ambientes duros, pero nunca había vivido nada parecido en el mundo de la música.

Resultó que Studio Center era propiedad de la Zoe Pound, una de las pandillas haitianas más grandes y despiadadas que existen. Los Fliptones solo usaban el estudio para grabar. Mi tiempo en ese estudio fue una mezcla de aprender a trabajar con equipos profesionales y de relacionarme con los peces gordos de la Zoe Pound. Como siempre, intenté mantener mi cabeza gacha y centrarme en el trabajo. Estaba agradecido por el tiempo que me dieron en ese espacio.

Por fin, después de lo que me pareció toda una vida de trabajo sin cesar, tuve un pequeño respiro. Un DJ que había conocido llamado Nu Jerzey Devil tenía una conexión con el rapero Pitbull y le puso una canción mía llamada «Hush». Pitbull accedió a aparecer en la canción solo porque le encantó.

Publiqué la canción en YouTube, y Joey, Henry, Harry y yo

viajamos por todo Florida intentando que llegara a manos de los DJ de los clubes y las emisoras de radio. Pero no teníamos el presupuesto para apoyarla. Incluso los esfuerzos de base necesitan dinero para ganar tracción.

No salió gran cosa de aquella canción, pero el crédito me dio una pizca de credibilidad. Esto hizo que algunas puertas empezaran a abrirse un poco más deprisa. Tenía dieciséis años cuando coloqué la canción «Bossy» con Birdman. Pero el momento crucial llegó cuando P. Diddy trajo a Miami el programa de televisión *Making the Band*.

Corría el año 2005. Estaba terminando la secundaria, y la nueva iteración de *Making the Band* presentaba a Diddy intentando armar el próximo grupo de chicas de moda. Como en todas las temporadas del programa, necesitaban canciones originales para que las cantaran los grupos. Esta vez, todo ocurría en Miami.

Diddy había contratado al productor 7 Aurelius para encontrar canciones para el programa. 7 había trabajado con muchos grandes artistas, como Ashanti y Ja Rule, y buscaba nuevos compositores en Miami. Gracias a mis años de acosar sin descanso a todos los DJ y productores de la ciudad, uno de ellos mencionó mi nombre a 7.

Cuando entré al estudio para reunirme con 7, vi carteles escritos a mano por toda la sala que decían cosas como «¡N° 1 en varios países!» y «¡El artista más grande del mundo!». De seguro estaba intentando manifestar algo. Había una máquina de humo que emitía vapor y una pantalla en la pared que reproducía sin parar «Purple Rain» de Prince. En la esquina había dos palomas que 7 me dijo se llamaban Paz y Amor. Era todo un personaje.

Sin más parloteo, 7 me tocó un ritmo y me dijo: «Bueno, tienes diez minutos para escribir algo». Puso el CD con el ritmo en un estéreo portátil y se fue de la sala.

Escuché el ritmo unas cuantas veces y me apresuré a escribir algo antes de que 7 volviera a la sala exactamente diez minutos después. La canción se llamaba «In My House», y era un himno de empoderamiento femenino. Yo sabía que estaría en línea con lo que Diddy quería para el programa. 7 lo escuchó. «Está genial», me dijo. «Me vendrías muy bien».

De buenas a primeras, 7 me había presentado a Diddy, y pasé los siguientes dos meses componiendo canciones para *Making the Band*. Fue una época emocionante, pero los acuerdos que hice eran terribles, y en realidad no gané nada de dinero con esas canciones.

Así son las cosas en la industria musical. Los productores cobran por su trabajo tanto si una canción tiene éxito como si no, pero no ocurre lo mismo con los compositores, que solo cobran derechos cuando una canción tiene éxito. Hoy en día sigue siendo así, y creo que debería cambiar.

Aun así, sentía que todo mi trabajo arduo estaba dando sus frutos en forma de impulso positivo. Cada nueva conexión que hacía me acercaba más a la grabación de una canción propia. Justo cuando estaba a punto de graduarme de la secundaria, sentí que por fin estaba llegando mi momento. Solo había un problema: mi mamá, que insistía en que fuera a la universidad en lugar de dedicarme a tiempo completo a mi carrera.

Luché contra ella con uñas y dientes, pero, después de todo, respetaba demasiado la opinión de mi mamá como para llevarle la contraria. Siempre hemos sido muy unidos, y sabía lo mucho que ella y mi padre habían trabajado para que yo pudiera ir a la universidad. Ella había ahorrado algo de dinero para mi matrícula. Entre eso, una beca y un préstamo considerable, apenas podíamos cubrir los gastos.

Tras muchas discusiones, mi mamá y yo llegamos a un acuerdo: «Dame dos años», me dijo, y yo acepté.

Pasé exactamente dos años —ni más ni menos— en la American Musical and Dramatic Academy (AMDA) en Nueva York. El plan de estudios era bien duro, y sin duda me puso a prueba. Estaba aprendiendo todo tipo de cosas que nunca había hecho: ballet, tap e incluso Shakespeare. Me metí de lleno e intenté aprender todo lo que pude, aunque lo que en realidad quería era estar en el estudio cantando mis propias canciones. Sabía que tenía suerte de estar allí y estaba decidido a aprovecharlo al máximo.

Algunos días fueron más fáciles que otros. Una noche me pasé cinco horas ensayando un monólogo de Shakespeare que tenía que representar en clase al día siguiente. Pero cuando llegó mi turno, de repente todo lo que había aprendido se esfumó. Fue como si mi cerebro acabara de pulsar la tecla BORRAR en el monólogo en el que tanto había trabajado.

El profesor Pearson tenía fama de ser despiadado. Se rumoreaba que había asustado tanto a algunos alumnos que se habían meado encima en clase. De verdad. Y enseguida se ensañó conmigo. «Nunca llegarás a nada porque esto no te importa y no te esfuerzas», me dijo. «¿Qué haces aquí?».

Tengo que confesarlo: esto me quebró un poquito. Pero no culpo en absoluto al profesor Pearson. Yo habría dicho lo mismo si hubiera sido yo quien impartiera esa clase. Él no tenía forma de saber lo mucho que me importaba o lo mucho que había trabajado en ese monólogo. Pero en lugar de mearme en los pantalones aquel día (menos mal), decidí trabajar aún más duro.

Nueva York está claramente ligado al teatro, y mientras estuve allí, le tomé el gusto. Empecé a pensar que ese sería mi camino. Seguía escribiendo canciones y haciendo mis deberes, y además empecé a presentarme a audiciones para espectáculos de Broadway.

Después de muchísimas audiciones, conseguí el papel de Benny en la gira nacional del musical *Rent*.

Lleno de entusiasmo, en lugar de lanzarme al papel, me obligué a bajar la velocidad y pensarlo bien. Por supuesto, era tentador decir que sí. Era un gran papel y un gran show, y lo más importante, era un trabajo que pagaba.

Todavía no había ganado ni un dólar con mi música, y andaba sin un cobre. Algunos días, vivía de cuatro bananas porque solo costaban veinticinco centavos cada una. Podía sobrevivir con un dólar al día, y eso me ayudaba a estirar el dinero a lo largo del mes. (Nadie me dijo que comer tantas bananas me estreñiría. Tuve que aprenderlo por las malas). Así que la idea de tener un sueldo fijo por actuar sonaba muy bien.

Por otra parte, el teatro no era mi sueño. Para mucha gente, incluidos muchos de mis compañeros de clase, era lo fundamental, y lo respeto, pero no era mi caso. Mi objetivo siempre había sido convertirme en artista discográfico, y eso no había cambiado. Entonces, ¿por qué dar este paso lateral ahora?

Claro que muchos actores de teatro han llegado a grabar música, pero siguen siendo conocidos principalmente como artistas de teatro. Me preocupaba que, si aceptaba el papel, terminaría metido de lleno en el teatro y mi sueño de ser un artista discográfico se esfumaría. Así que rechacé el papel y dejé de presentarme a audiciones. Deduje que si no iba a aceptar los papeles cuando los consiguiera, no tenía sentido presentarme a las audiciones.

Este es uno de esos momentos en los que miro atrás y me pregunto si tendría la carrera que tengo ahora si hubiera tomado una decisión diferente. En aquel momento, me sentí bien al poder dedicar a la composición todas las horas y la energía que había estado empleando en prepararme para y acudir a las audiciones. Mientras estuve en la AMDA, pude colocar unas cuantas canciones más con distintos artistas, entre ellas una canción para Lil Wayne, «Coming Home» para el álbum debut multiplatino de Pixie Lott y «Test Drive» para el cantante japonés Jin Akanishi. No dormí mucho, pero disfruté cada minuto que estuve despierto.

Cuando un artista grababa una de mis canciones, yo iba al estudio con ellos como productor vocal. Era increíble estar en la sala con estos artistas, y estaba agradecido por estas oportunidades. Pero había una partecita mía que siempre deseaba que fuera yo el que estuviera ahí cantando. (No era una partecita tan pequeña, si te soy sincero). Sin ánimos de faltarle al respeto a esos artistas, yo había escrito esas canciones y, en el fondo, siempre supe que habrían sonado mejor si las hubiera cantado yo.

Hacia el final de mis dos años en la AMDA, recibí un mensaje en Myspace de un productor llamado J. R. Rotem, que había fundado su propio sello discográfico, Beluga Heights, como parte de Warner Brothers Music. Beluga Heights había firmado a un nuevo artista llamado Sean Kingston, y el sello se estaba haciendo un nombre dentro de la industria. A J. R. le gustaron mis canciones que había escuchado hasta entonces, y empezó a enviarme ritmos para ver si podía escribir algunas canciones para Sean.

El momento acabó siendo perfecto. Me había mantenido fiel a mi palabra y había terminado mis dos años de universidad, tal como le había prometido a mi mamá. Y aunque había aprendido un montón durante ese tiempo, no tenía planes de continuar. Hasta entonces, siempre había tenido que equilibrar la música con los estudios. Por fin podía dedicarme de lleno a mi oficio y a mi carrera.

« »

Eran las tres de la madrugada y estaba de nuevo en el sótano de Harry con Xavier, un amigo mío de la escuela intermedia. Ya llevábamos seis horas trabajando. J. R. me había estado enviando ritmos todas las semanas para que escribiera canciones con ellos. Aquella noche ya habíamos escrito una canción llamada «Teacher». Pensé que era bastante buena y que habíamos agotado todos los ritmos buenos. Además, yo también estaba agotado, pero Xavier quería seguir.

—Vamos, pana, escribamos otra canción —me dijo. Xavier componía conmigo, pero en realidad no era escritor. Más bien actuaba como una especie de entrenador, empujándome para que se me ocurrieran cosas y animándome.

—No, pana —le dije—. Ya no quedan ritmos buenos.

Al final, accedí a repasar los ritmos una vez más, y elegí el que menos odiaba. «Teacher» era un poco más lento, así que esta vez encontré uno que era alegre y pegadizo. Empecé a juguetear con él, contemplando cómo podía inspirarme en mi propia vida para crear una letra en torno al ritmo.

Pensé en cómo la mayoría de los ritmos más rápidos trataban sobre el intento de encontrar el amor o enamoramiento. Nunca trataban de rupturas. Pero ¿y si escribiera una canción de ruptura que fuera súper positiva y edificante?

En la secundaria había salido con una chica que estaba en la universidad. Así que era un poco mayor que yo. Cuando llevábamos un tiempo saliendo, la vi con otro tipo. Me cayó súper mal y, por supuesto, también me enojé. Ella me gustaba mucho.

Cuando se lo reclamé, esperaba una disculpa o al menos algún tipo de explicación. En lugar de eso, me dijo: «No deberías cuestionarme. Tienes que centrarte en ti mismo y ponerte las pilas».

Maldita sea. Quedé destrozado y, sinceramente, me afectó durante mucho tiempo. No sé si alguna vez volví a ser el mismo después de eso. Empecé a enfocarme en mí mismo, pero es probable que algunas veces lo haya llevado demasiado lejos. Si alguien podía hacerme eso, me preguntaba, ¿por qué siquiera entregarme a esa persona? Después de eso, fui un *playboy* durante mucho tiempo, y aquella experiencia con mi ex sin duda lo provocó. Haberme quemado tanto a una edad tan temprana me había llevado a perder la fe en las relaciones.

Por supuesto, muchas cosas buenas también habían surgido de estar tan hiperenfocado en mí mismo. Así como trabajaba, no había forma de que hubiera podido mantener también una relación. Y si, en vez de eso, hubiera dado prioridad a una relación, tal vez me habría desviado de mi camino. Nunca lo sabremos con certeza, ¿verdad? Pero en ese momento, quería centrarme en lo positivo mientras sacaba provecho de mi desamor. Así que escribí una canción sobre lo feliz que era de estar soltero y de celebrarme a mí mismo y a la vida.

Te daré una oportunidad de adivinar qué canción era.

A medida que escribíamos, me sorprendió lo mucho que me gustaba cómo iba quedando la canción. Hasta entonces, nunca había escrito canciones cuando estaba cansado. Pero aquella noche acabé escribiendo una canción increíble, que me enseñó que la magia puede seguir existiendo, por muy cansado que esté. Desde entonces, si alguien con quien estoy trabajando me dice: «Sigamos adelante», nunca le digo que no.

Escribí «Ridin' Solo» y «Whatcha Say» antes incluso de tener un acuerdo con Beluga Heights. Acabaron siendo dos de mis primeros sencillos, pero ese no era el plan en aquel momento. Aún tenía que escribir canciones para Sean Kingston, pero esas canciones me ayudaron a cerrar el trato.

En ese momento, Beluga Heights me ofreció un contrato de edición, lo que significaba que me pagarían por componer canciones para sus otros artistas, sobre todo para Sean. No era mucho dinero, pero era la primera vez que me pagaban por mi trabajo. Además, colaboraría con J. R. y otros grandes compositores y pasaría tiempo en el estudio con artistas increíbles como Sean. Casi parecía demasiado bueno para ser verdad.

Antes de firmar el acuerdo, tuve que volar a Los Ángeles para conocer a J. R. en persona, y entramos al estudio para trabajar juntos y ver si encajábamos. Para entonces, ya tenía confianza en mis capacidades, y esta vez era una confianza que me había ganado. Llevaba trabajando el tiempo suficiente y había recibido suficientes comentarios positivos de gente a la que respetaba como para saber que tenía lo que hacía falta para triunfar. Además, sabía que haría lo que fuera necesario para conseguirlo, lo cual es una combinación poderosa.

El primer día llegué entusiasmado con la idea de trabajar en lo que supuse que sería un estudio de última generación. Y eso es exactamente lo que encontré. Me maravillaron los controladores, los difusores de sonido y los paneles acústicos. Era más que un pequeño avance respecto al sótano de Harry, y me moría de ganas de oír el tipo de sonidos que podríamos crear allí.

Pronto entró J. R. y, tras charlar un minuto, me señaló una puerta en una esquina del enorme estudio. Dentro estaba su propio estudio, que tenía literalmente el tamaño de un armario. No pude más que reírme. Pensaba que por fin había llegado a lo grande, pero estaba grabando en un lugar que era todo lo contrario. Sin embargo, no me quejé. También tenía un equipo increíble y estaba a años luz del sótano de Harry, pero estábamos en un espacio bien reducido.

J. R. y yo pasamos todo el día juntos en el estudio, él haciendo los ritmos y yo componiendo las canciones. Mira, a veces la magia está ahí, y a veces no. No puedes forzarla ni fingirla, pero nos dimos cuenta enseguida de que la teníamos. La química era increíble, y al final del día habíamos escrito siete canciones.

Mientras trabajábamos juntos, yo cantaba todo lo que componíamos, por lo que J.R. comenzó a ver una faceta mía totalmente distinta. Antes pensaba que yo era «solo» un compositor. Además, estaba conociendo mi ética de trabajo y mi personalidad por primera vez.

Al final de esa jornada, J. R. se volvió hacia mí y me dijo:

—Deberías ser artista discográfico.

—¡Sí, ¿me lo dices o me lo cuentas?! —le respondí. LOL.

Poco después firmé un contrato de publicación con Beluga Heights y un contrato de grabación como artista por derecho propio.

Fue entonces cuando las cosas empezaron realmente a caer en su lugar. Me mudé a Los Ángeles y me puse manos a la obra para componer canciones, colaborar con Sean y trabajar en mi primer álbum. Me sentía increíble, y estaba dispuesto a dedicar el trabajo necesario para llevar esto lo más lejos posible. Empecé a trabajar más duro que nunca, pasando básicamente todo el día en el estudio componiendo canción tras canción tras canción. ¡Cientos de ellas!

Para una canción que estaba componiendo para Sean, Beluga Heights trajo a un talentoso dúo de compositores para que colaborara conmigo. Eran dos hermanos que se hacían llamar Rock City. Primero tuvimos el ritmo, y luego agregamos la melodía y la cuajamos con una letra sobre un tipo que no puede dejar de pensar en una chica, como si ella estuviera en un «Replay» (repetición) constante. Esta vez no se basaba en ninguna historia en particular, pero pensamos que la idea que había detrás era muy familiar.

Los hermanos detrás de Rock City son de las Islas Vírgenes. Enseguida hicimos clic y logramos añadir un bonito sonido isleño a la canción. Aquel día no había ego en la sala. Todos estábamos en lo nuestro trabajando juntos.

Beluga Heights le dio a Sean la primera opción con todas las canciones que yo escribía. Él era su artista más importante, y yo seguía siendo un don nadie. Cuando el CEO de Warner Music escuchó algunas de mis canciones, me dijo: «Intento no decir cosas como esta, pero "Whatcha Say" es una canción número uno». Tenía sentido, pues, que las dos primeras canciones mías que llevaran a Sean fueran «Whatcha Say» y «Replay».

Me quedé pasmado cuando Sean y su equipo rechazaron ambas canciones, lo que podría haber mermado mi confianza si J. R. y yo, además del CEO, no hubiéramos creído de todo corazón en ellas.

J. R. acababa de firmar con otro joven artista de las islas llamado Iyaz y le dio «Replay» como primer sencillo. Enseguida se convirtió en un éxito número uno. Mientras tanto, yo pude quedarme con «Whatcha Say» como primer sencillo, y ese también se convirtió en un número uno.

« »

Cuando la gente me pide consejo sobre cómo «triunfar», siempre pienso en este periodo de mi vida: rechacé contratos abusivos en Miami; rechacé el papel de Benny en *Rent*; acepté otros tratos que no siempre valieron la pena; escribí canciones para otros artistas cuando quería desesperadamente ser yo quien las interpretara; y luego acepté un contrato de edición cuando lo que realmente quería era un contrato de grabación, que sí valió la pena.

Ninguna de estas decisiones habría sido posible sin una buena dosis de amor propio y una comprensión de mi valía. No siempre tuve una autoestima alta. Recuerdo que cuando era niño, la casa en la que crecí tenía dos dormitorios. Mi hermana, Kim, les suplicó a mis padres que la ayudaran a convertir el trastero que estaba conectado a la sala de estar en su propia habitación privada. Ahora solo quedábamos mi hermano y yo en un cuarto.

La noche que ella se mudó de nuestra habitación, mi hermano y yo nos quedamos hablando hasta tarde y me di cuenta de que me sentía muy mal. Decidí tener una charla sincera con él. Me sentía muy inseguro y quería hablar de hombre a hombre (yo tenía nueve años en ese momento).

—Me pasa de todo —le dije—. Estoy gordo, tengo acné, apenas puedo hacer deporte porque tengo asma. Soy alérgico a todo. ¿Por qué a mí? —le grité, alterándome.

—Estás exagerando. No es para tanto —me dijo mi hermano. Pero claro que lo era para mí.

Aquella noche, en un esfuerzo por animarnos mutuamente, mi hermano y yo empezamos a fijar metas, y más tarde mi hermana también se unió. Nos poníamos el envoltorio de plástico de la tintorería alrededor de la ropa por la noche y salíamos a correr por el barrio. Empecé a comer ensaladas en el colegio.

Al darse cuenta de lo que intentábamos hacer, mi papá nos animó a empezar a levantar pesas y nos enseñó cómo hacerlo. Durante los cortes comerciales, nos decía que hiciéramos repeticiones.

La primera diferencia fue un cambio en mi mente. Con cada pequeño cambio, aumentaba mi confianza. Podía hacer cosas que eran difíciles, que no creía que pudiera hacer, y eso me hizo más consciente de mi valor como hombre. Si podía dar este pequeño paso, podía dar cientos. Podía hacer cualquier cosa.

Tienes que conquistar tu autoestima antes de decidir tu camino. Nunca serás más grande que la persona que crees que puedes ser. Nunca ganarás más dinero del que crees que mereces. No batirás ningún récord del que no te creas capaz.

De la misma manera que no estarás en una relación que no

sea digna de ti. O no comerás alimentos malos que no sean dignos de tu cuerpo.

Para cambiar tu calidad de vida, primero tienes que aumentar tu nivel de autoestima. ¿Cuánto te valoras? Sea cual sea tu respuesta, no es suficiente.

¿Has intentado eliminar de tu vida a las personas o cosas que te hacen sentir pequeño? Ser sincero contigo mismo sobre las cosas que realmente te están agobiando puede ser lo más doloroso. Las personas que te hacen sentir que no eres tan grande como tu potencial. Cuando empieces a eliminar los componentes perjudiciales, empezarás a quererte más, a creer más en ti mismo.

Cuando hayas aumentado el valor de la visión que tienes de ti mismo, no te conformarás con menos. Encontrarás el mejor grupo de amigos afines y motivados; la mejor dieta para alimentar a un campeón; el mejor régimen de entrenamiento para mantener una mente, un cuerpo y un espíritu sanos; la mejor rutina de trabajo para alcanzar tus objetivos al más alto nivel. Todo esto porque crees que eres lo máximo y ahora entiendes lo que te mereces.

La lección aquí es la siguiente: si quieres tener éxito, no hay duda de que tendrás que derribar algunas puertas que se interponen en el camino hacia tus objetivos. Pero caerán mucho más rápido una vez que ya estés en el edificio. Así que empieza por las que se abren más fácilmente. No te dejes tentar por las que se abren de par en par, pero que sabes en tus entrañas que conducen al lugar equivocado. Y nunca, pero nunca, dejes de tocar a las que tienen tus sueños esperando al otro lado.

3

ERES TAN BUENO COMO TU RUTINA.

« »

ENTRENA UNA Y OTRA VEZ PARA TENER ÉXITO.

Deja que la curiosidad, la amabilidad y la
valentía dirijan tu vida y siempre acabarás en
algún lugar increíblemente interesante.

—DREW TAGGART Y ALEX PALL, THE CHAINSMOKERS

Quizás levantaste este libro porque te interesaba saber más de mí. Pues bien, espero haber cumplido. Pero lo más probable es que estés leyendo esto porque quieres ser rico, próspero y exitoso, o al menos una o dos de esas tres cosas. Pues, no estás solo. Hay miles de personas que tienen los mismos objetivos y aspiraciones que tú. Algunos de ellos lo conseguirán, pero la dura verdad es que la mayoría no.

Entonces, ¿qué es lo que en realidad puede marcar la mayor diferencia entre una vida normal y una vida increíble que tú puedas controlar? Puede que te sorprenda oír esto, pero creo que es, simple y llanamente, una buena rutina. El éxito no es una carrera corta. Es un maratón, y tienes que entrenarte como si te estuvieras preparando para correr el resto de tu vida.

La mayoría de la gente no ve su trabajo o su arte de esta manera, y eso es cierto sobre todo para las personas que intentan triunfar en las redes sociales. Se enfocan en el corto plazo, en un video o una publicación y en cómo hacer que se vuelva viral. Ya sabes que no me importa que se vuelva viral. Diablos, mi perro se ha hecho viral más de una vez. Escribo este libro porque quiero ayudarte a seguir siendo viral. Y eso requiere de una rutina y una perseverancia que la mayoría de la gente, si te soy sincero, simplemente no tiene.

Seguiré diciéndolo, porque vale la pena repetirlo: tienes que esforzarte si quieres tener éxito. No hay forma de evitarlo, así que no te molestes en buscar una. Y, aún más importante, tienes que seguir trabajando. Tu deber es trabajar hasta entrar en un ritmo de éxito, y eso lleva tiempo y mucho esfuerzo.

El trabajo duro es como una medicina para el alma. Te mantiene joven y hambriento. El momento en que te detienes, el momento en que pierdes el propósito, tu mente, cuerpo y espíritu empiezan a morirse de hambre. La versión más sana de ti es la versión que persigue la mejor versión de ti. Alerta de *spoiler*... la verdadera felicidad la encontrarás EN LA PERSECUCIÓN. No te darás cuenta de eso hasta que llegues al destino.

>> Seguiré diciéndolo, porque vale la pena repetirlo: tienes que esforzarte si quieres tener éxito.

En mi vida y a lo largo de mi carrera, ha habido ciertos momentos en los que me he enfocado más que en otros en seguir mi rutina, y siempre ha sido cuando he tenido mayor producción creativa y más éxito.

Un buen ejemplo es cuando me mudé por primera vez a Los Ángeles. Tenía diecinueve años, acababa de terminar mi estancia de dos años en la universidad y acababa de conseguir mi contrato de edición con Beluga Heights. Aún no tenía un contrato con ellos como artista, solo como compositor para otros artistas.

Mi contrato de edición con Beluga Heights fue por cuarenta mil dólares. En definitiva no me estaba haciendo rico componiendo canciones, pero no me importaba. Estaba súper emocionado por dar pasos concretos hacia mis sueños, y estaba decidido a utilizar ese acuerdo como trampolín para lanzar por fin mi carrera como solista.

Cuando llegué a Los Ángeles, me compré un carro nuevo y alquilé un departamento que estaba muy por encima de mis posibilidades. A mi mamá le dio un ataque en cuanto se enteró.

—¿Qué estás haciendo? —me preguntó—. ¡Esta fuera de tu alcance!

—Exacto —le dije—. Alquilé este lugar porque está fuera de mi alcance.

Mi mamá pensaba que había perdido la maldita cabeza, y puede que así fuera, pero la locura tenía cierta lógica. Sabía que vivir fuera de mis posibilidades me obligaría a encontrar una forma de ganar dinero y alcanzar el éxito que tanto deseaba. Mi estado mental era de todo o nada. Me arrinconé a propósito para tener que triunfar como fuera. Hay algo que decir al respecto. O triunfaba como artista o me echaban de mi departamento. Había mucho en juego.

No recomiendo que otras personas hagan esto, así que no vayas a llamarme si agotas el saldo de tus tarjetas de crédito y no tienes forma de pagarlas. No es para todo el mundo, pero a mí me funcionó. Y la razón por la que funcionó tan bien es porque construí una rutina para ganar.

Durante esos seis primeros meses en Los Ángeles, mi horario no varió ni un ápice de un día para otro. Todos los días me levantaba tarde, a eso de la una (verás por qué en un minuto), y me iba directo al gimnasio sin desayunar nada. Después, volvía a mi departamento, me duchaba, iba directo al estudio y empezaba a componer canciones. Escuchaba las canciones que había escrito el día anterior y me preguntaba si tenían potencial. ¿Debía seguir trabajando en ellas? ¿O necesitaba encontrar nueva magia en otra idea? Escribía tanto que cada canción me importaba menos. Cada idea fallida era una oportunidad para volver a empezar y crear algo nuevo. Para mí no era un problema, porque estaba obsesionado con el trabajo arduo. Si ayer no conseguí un éxito, hoy tenía una nueva oportunidad. Así lo creo. Lo irónico es que el éxito casi nunca llega. Escribo cientos de canciones antes de encontrar la mágica. Esto va para todo en la vida. Si se nos celebra por cada cosa, los momentos destacados pierden todo su valor. Apreciamos más nuestros triunfos cuando nos cuesta conseguirlos.

Trabajaba en aquel estudio del tamaño de un armario hasta las tres o cuatro de la madrugada, todos los santos días. Tres veces por semana, iba a una clase de baile. Y eso era literalmente todo. Tenía cero amigos en Los Ángeles y no conocía a ninguna chica allí. Mi primo Henry se había mudado a Los Ángeles conmigo y trabajaba como mi ingeniero de grabación. Éramos solo Henry y yo, machacándonos en el estudio. No nos divertíamos mucho, al menos no fuera de la alegría que nos producía crear música, pero sin duda éramos productivos.

Lo mejor de mi vida en aquella época era que todos los días horneaban galletas frescas en Chalice Studios, donde trabajábamos, y nos daban una comida gratis. Puede parecer que estoy bromeando, pero te prometo que hablo cien por ciento en serio. Viniendo de no tener un cobre en la universidad, me pareció un gran trato poder pedir galletas en cualquier momento. Además, tenían una gran carpeta del tamaño de dos guías telefónicas llena de menús de restaurantes cercanos. Podíamos ordenar una comida al día.

La mayoría de los días, eso era lo único que comía, así que teníamos que hacerla durar. A veces, Henry y yo pedíamos algo barato solo para ordenar mucho. A pesar de que racionaba la comida y vivía de una comida gratis y galletas, cuando pedía de aquel libro de menús, sentía que lo había conseguido. Por fin había llegado.

Durante esos seis meses compuse un montón de canciones exitosas, incluidos dos números uno. Ese periodo acabó siendo fundamental para mí. Sentó todas las bases de mi carrera. Atribuyo gran parte de mi éxito final a la estricta rutina que mantuve durante ese tiempo.

Bueno, ya sabes que crear una rutina es importante. Ahora te estarás preguntando cómo crear esa rutina y mantenerla, que suele ser la parte más difícil (y la más importante). Hasta hoy en día, sin importar lo que quiera lograr, creo mi rutina diaria fijándome en el objetivo final y trabajando al revés, creando una trayectoria formada por objetivos más pequeños que puedo cumplir cada día. En otras palabras, resuelvo adónde quiero ir y luego trazo los pasos que tengo que dar cada día para llegar ahí. Luego esos objetivos se convierten en una parte indispensable de mi rutina.

> **Resuelvo adónde quiero ir y luego trazo los pasos que tengo que dar cada día para llegar ahí.**

No soy necesariamente un seguidor de las reglas. He coloreado fuera de las líneas toda mi vida. Pero siempre sigo las reglas que me impongo a mí mismo. Es mucho más fácil seguir una regla que ya has establecido que reinventar la rueda un millón de veces mientras trastabillas hacia tu objetivo.

Piensa en tu rutina diaria como en las reglas de tu vida, y luego simplemente... síguelas. Y ya está. A veces las cosas más eficaces son las más sencillas.

Este plan de ataque también es útil porque, dependiendo de lo que persigas, el objetivo final puede parecer inalcanzable. A veces, incluso yo miro mis objetivos y pienso: nunca he hecho esto antes; ¿seré capaz de hacerlo? Es demasiado fácil meterse en esa madriguera, pero eso no ayuda a nadie. Es mucho menos intimidante enfocarse en ir día a día. Si me levanto sabiendo exactamente lo que tengo que hacer ese día, no hay lugar para preguntas, dudas o cuestionamientos.

Hay una cita famosa que dice: «Si quieres algo que nunca has tenido, debes estar dispuesto a hacer algo que nunca has hecho». Mi versión es la siguiente: «Para convertirte en alguien que nunca has sido, tienes que hacer cosas que nunca has hecho». Desafíate a ganar el día. Acostúmbrate a ganar. Esto entrenará tu mente para anhelar esa sensación. Los días que tengas un desliz, no hace falta que te castigues. Ocurre. Esfuérzate el doble al día siguiente.

Esto no significa que tu objetivo diario o tu rutina vayan a ser fáciles. La mía casi nunca lo es. Esa rutina diaria puede ser su propio desafío, pero aun así será menos intimidante que el objetivo principal por el que estás trabajando. Si mantienes la vista puesta en ese reto diario, puedes olvidarte por completo de ese objetivo grande y aterrador, y aun así alcanzarlo, lo cual es una victoria.

He aquí un ejemplo. Ir al gimnasio siempre ha formado parte de mi rutina. Eso nunca cambia, independientemente de lo que ocurra en mi vida. Pero hay veces en las que intento mantenerme en forma, y otras en las que intento ponerme durísimo.

Cuando intento llevar mi cuerpo a un lugar increíble, me fijo un objetivo de entrenar tres veces al día, levantando pesas dos veces y haciendo algo de cardio una vez. La verdad es que no es fácil, ni física ni mentalmente. Aun así, sigue siendo mucho menos abrumador que el objetivo mayor de transformar por completo mi cuerpo. En cuanto establezco esa rutina diaria, dejo de pensar en el gran objetivo y solo tengo que preocuparme por superar cada reto diario, de un entrenamiento a otro.

Establecer tu rutina antes de tener que ejecutarla también te prepara para que, cuando llegue el momento, estés mentalmente preparado. Si tu objetivo es publicar más o ganar más seguidores en las redes sociales, planifica tu contenido por la mañana, antes de ir al trabajo o a la escuela, para saber exactamente lo que tienes que hacer más tarde ese mismo día. Todo lo que tienes que hacer es grabarlo y publicarlo.

Mi consejo es que publiques al menos una vez al día, todos los días. Esto te ayudará a acostumbrarte a ese ritmo y te enseñará muy rápido lo que funciona y lo que no, para que puedas seguir mejorando sobre la marcha.

Más allá de todas estas razones prácticas, para mí, comprometerme con una rutina es la máxima motivación. Una vez que me prometo a mí mismo que voy a hacer algo, no quiero llamarme mentiroso. Siempre hay tantas excusas para no seguir adelante con cualquier objetivo, ya sea ir al gimnasio o ponerte a hacer cualquier trabajo que necesites para tener éxito. Nueve de cada diez veces, si tomas el camino fácil te sentirás pésimo después. Pero si cumples tus planes, nunca te arrepentirás. Cada vez que alcanzas tu objetivo diario, te estás dando la oportunidad de sentirte ganador. Esto programa tu mente para que se acostumbre a esa sensación y desarrolles la expectativa de ganar.

Si notas que te estás mintiendo a ti mismo y te estás aprovechando de esas excusas interminables con más frecuencia de la deseada, quizá quieras mirar más a fondo para averiguar por qué. ¿Realmente quieres esta mierda o no? Si la respuesta es no, entonces tienes que replantearte tu objetivo a largo plazo y averiguar qué es lo que realmente quieres.

¿Realmente quieres esta mierda o no?

Si realmente lo deseas, pero no estás dando los pasos necesarios, suele deberse al miedo: miedo al fracaso o miedo a exponerte. Ya hemos hablado del fracaso. Pero exponerse es una batalla para casi todo el mundo.

Muchos de nosotros somos nuestros peores enemigos. Por muy seguros que parezcamos por fuera, en el fondo nos preocupa demasiado lo que piensen los demás. Si pierdes cuidado, esto puede fácilmente impedirte alcanzar tus objetivos.

Si te soy sincero, yo también me siento así a veces. Lo más difícil para mí es descubrir cómo exponerme con autenticidad en las redes sociales sin dejar de ser convincente. Es un talento y, como cualquier talento, requiere mucho tiempo y práctica para desarrollarlo.

Pero retrocedamos un momento. ¿Qué significa ser tu «yo auténtico»? Ninguno de nosotros es unilateral. Somos distintos cuando estamos contando un chiste de cuando estamos tristes o enojados, o cuando estamos cerca de determinadas personas. Es imposible mostrar todas las facetas de uno mismo en un video o en una publicación en las redes sociales. Entonces, ¿cómo puedes revelar esos diferentes niveles que sumados te hacen único?

Para retroceder aún más, la verdad es que muchos de nosotros ni siquiera sabemos quién es nuestro «yo» completo. No hablamos lo suficiente como para haber desarrollado una voz auténtica, así que, ¿cómo se supone que vamos a compartir esa voz con el mundo? En serio, piensa con qué frecuencia hablas con la gente, y me refiero a hablar de verdad. Probablemente lo haces mucho menos de lo que crees.

A la mayoría de nosotros nos falta conversación en nuestras vidas. De seguro yo no soy la persona más habladora, pero hay mucha gente que habla mucho menos que yo. Esto también se consigue con la práctica. Hablar en general, y especialmente en público o ante una cámara, es algo que tienes que aprender a hacer. Cuanto más ejercites ese músculo, mejor se te dará. La constancia te ayudará a encontrar tu voz.

Sin embargo, aún es posible que dudes de ti mismo, aunque seas buenísimo. Llevo lanzando canciones desde que tengo quince años, y todavía me siento un poco cohibido cuando saco una nueva. No importa lo increíble que me parezca la canción, nunca sé con certeza cómo reaccionarán los demás hasta que sale a la luz. ¿Qué tal si la odian?

La mejor forma que he encontrado de superar estas dudas es obligarme a seguir el plan. ¡Por eso es tan importante tener un plan para empezar! Ponlo todo por escrito: qué vas a hacer exactamente cada día, cuándo lo vas a hacer, etcétera. Una vez que lo hayas escrito todo, habrás tomado una decisión sobre lo que vas a hacer. Ya está hecho. No hay razón para perder tiempo y energía adivinando o decidiendo de nuevo solo porque empezaste a dudar de ti mismo. Tu yo más fuerte lo escribió por algo. Confía en esa persona y aborda lo que sigue en esa agenda preestablecida.

>> La mejor forma que he encontrado de superar estas dudas es obligarme a seguir el plan.

Tus objetivos siempre deben seguir haciéndose más y más grandes. No hay un momento en el que llegues. Tu objetivo es un mecanismo móvil, cambiante y evolutivo que siempre te hace avanzar. Incluso cuando te conviertes en el mejor del mundo, todavía hay más que perseguir.

Seguro que has oído la frase: «Muévete o piérdelo». Eso no podría ser más relevante en este caso. Una vez que dejamos de movernos, morimos por dentro. Lo has visto millones de veces con gente que está en la cima del mundo durante un segundo y luego desaparece. Eso es porque una vez que sientes que has llegado, pierdes el hambre. Tú y yo no. Nuestro objetivo es móvil, así que siempre estaremos persiguiéndolo. Esto es increíble porque hemos llegado a disfrutar más de la persecución.

A pesar de todo esto, lo único que probablemente te haga dudar más que cualquier otra cosa son los comentarios negativos en las redes sociales. Como ser humano, puedes tener un millón de cosas buenas en tu vida, y entonces ocurre algo malo y te centras en eso, lo cual te puede hundir bien rápido.

Lo mismo ocurre con los comentarios hirientes en línea. Puede que recibas montones de comentarios positivos sobre un post, y entonces ese único comentario malo te sienta como un puñetazo en las tripas. Enfocarnos en eso es lo peor que podemos hacernos, pero es muy difícil evitarlo.

Puede parecer una locura viniendo de mí, pero tanto consumir como compartir en las redes sociales puede tener un verdadero impacto negativo en tu salud mental. Yo publico constantemente y me aseguro de interactuar con mis seguidores, y tengo que estar en línea lo suficiente como para estar al tanto de lo que pasa, lo que está de moda, lo que ocurre. Pero aparte de eso, intento limitar la cantidad de redes sociales que consumo a nivel personal. Mantenerme alejado del teléfono y disfrutar de la vida sin dejar de estar conectado es un equilibrio y una lucha constante.

Piensa en cómo equilibras tu tiempo entre navegar en las redes sociales y lo que publicas y compartes de tu propio contenido, así como la interacción con tus seguidores. Es fácil caer en el hábito de mirar a otras personas en las redes sociales durante el día entero en lugar de enfocarte en lo que tú estás haciendo. En vez de eso, ¿por qué no dedicas ese tiempo a crear y publicar? Te ayudará a alcanzar tus objetivos de manera más rápida, y también es mejor para tu salud mental.

Sin embargo, publicar tus propias cosas casi siempre significa recibir comentarios negativos. La mayoría de las veces me resulta bastante fácil tomarme los comentarios negativos con humor. Llevo años tratando con críticos profesionales y con todo tipo de bromistas que creen saber más que yo. Pero sé que esos comentarios desgarran a mucha gente, sobre todo si se refieren a tu aspecto físico o a algo de lo que ya te sientes inseguro. Lo entiendo. Yo también lo siento a veces. Diferentes críticas me golpean en diferentes momentos, dependiendo de mi estado de ánimo y de lo que me esté pasando ese día.

Cuando empecé a estar activo en TikTok, era única respecto a otras aplicaciones en el sentido de que me parecía súper positiva. Era como la dimensión desconocida de las redes sociales, y para ser sincero, no sé exactamente por qué. La comunidad inicial de TikTok era solidaria, amable y muy unida. La gente se alegraba de tener a alguien con quien relacionarse o hablar. Éramos TikTokers, un grupo de personas que estaban en la misma onda. Me sentí tan agradecido de que me aceptaran desde el principio como parte de esa comunidad.

Es emocionante ver lo mucho que ha crecido la plataforma, pero un efecto secundario poco afortunado es que ahora se parece más a otras aplicaciones de redes sociales. Ahora cada publicación recibirá al menos algunos comentarios negativos. No hay escapatoria. Por desgracia, forma parte del algoritmo de las redes sociales.

No hay consejo que pueda darte que alivie el dolor cuando alguien te critica o te ataca directamente en Internet. Es doloroso para todos. Aunque suene cursi, en esos momentos intento recordar que todo ese odio procede de alguien que está muy inseguro de sí mismo. ¿Cuán bajo tienes que sentirte para entrar en la página de alguien y decirle algo mezquino? Esa gente solo intenta que los demás se sientan como ellos.

También pienso en el hecho de que literalmente nunca he conocido a alguien que publique comentarios negativos en Internet, y de seguro nadie a quien respete o con quien quisiera pasar tiempo. Si eres una de esas personas que me hace esto a mí o a cualquier otra persona, en serio, deja de hacerlo. No vas a ser más feliz ni vas a tener más éxito hundiendo a otra persona.

Por otro lado, hay una gran diferencia entre los comentarios feos que no tienen ningún valor y el tipo de crítica de la que puedes aprender. Incluso hay veces en que una broma o un comentario mezquino acaban teniendo cierta validez. Hace falta mucho para ver más allá del hecho de que alguien está intentando hundirte y preguntarte si tienen razón, pero vale la pena si puedes utilizar esta información para mejorar en cualquier cosa que hagas.

Siempre me he propuesto escuchar a los críticos con la mente abierta y oír lo que tienen que decir. He aprendido algunas cosas que me han sido útiles. Después de recibir tantas críticas por usar el Auto-Tune en mi primer álbum, me aseguré de no usarlo en el siguiente. La gente pudo ver que la primera vez había sido una elección, no una muleta.

También miro los comentarios que la gente ha publicado sobre mis videos musicales en YouTube para ver lo que les gusta a mis fans y lo que no. Esto no significa que tenga en cuenta todo lo que dice la gente, ya que muchas cosas pueden considerarse odio. Pero también he aprendido algunas cosas valiosas.

Por ejemplo, la gente se dio cuenta al principio de que no parecía que estuviera cantando de verdad en mis videos musicales. Solía hacer *playback* porque sabía que era lo que hacían la mayoría de los artistas. Pero cuando cantas la canción mientras grabas en el set, parece mucho más auténtico. Así que todos los que me criticaban por hacer *playback* me ayudaron mucho.

>> El camino hacia tu éxito está en tu rutina. No dejes que nada ni nadie te desvíe de ese camino.

El lado positivo es que también me di cuenta de que bastante gente comentaba lo mucho que les gustaba cuando bailaba en mis videos. He experimentado con todo tipo de videos a lo largo de los años, y me encanta mezclarlos, pero esos comentarios me dijeron lo mucho que mi público quiere verme bailar. Así que ya no sigo ningún otro camino a menos que esté haciendo un video para una balada donde bailar no tendría sentido.

Lo más importante es que utilices cualquier crítica a la que te enfrentes, en línea o no, para mejorar en lugar de dejar que te detenga o merme tu confianza. Esto me lleva de nuevo al punto de partida, porque la mejor forma que he encontrado de hacerlo es estableciendo una rutina de la que no me permito desviarme. El camino hacia el éxito está en tu rutina. No dejes que nada ni nadie te desvíe de ese camino.

4

EL ÉXITO SE ALQUILA.

« »

NUNCA LO SALDARÁS.

Cuando tenía once años, empecé a presentarme a concursos de canto por todo el sur de Florida. Algunos se celebraban en campamentos o escuelas de artes escénicas. Otros tenían lugar en centros comerciales u otros espacios públicos. Casi todos ofrecían un premio en efectivo o la oportunidad de que el ganador se reuniera con un agente de talentos u otro ejecutivo de la industria musical, o ambas cosas. Algunos incluso recompensaban al ganador con horas gratuitas en un estudio musical para grabar sus canciones. Me entusiasmaba la idea de ganar y recibir cualquiera de estos premios. Pero lo más importante era que estaba seguro de que uno de estos concursos acabaría siendo la gran oportunidad que estaba esperando y que me lanzaría al estrellato.

El primer concurso en el que competí se celebró en un pequeño teatro local que estaba abarrotado por los padres de todos los niños de mi campamento de artes escénicas. Me sentía seguro de mis habilidades, pero cuando estaba de pie detrás del escenario, mirando al público desde detrás de la cortina, de repente me puse nervioso. Ahora cuando lo recuerdo, no sé por qué estaba tan asustado. Probablemente no había mucha más gente entre el público que en nuestras fiestas familiares semanales, y nunca me había puesto nervioso cantar delante de ellos. Pero estas personas eran desconocidas y, de la nada, me entró el pánico.

Es difícil de explicar, porque sabía que era un gran cantante, pero por primera vez me invadió por completo el miedo escénico. Se me helaron todos los huesos y los músculos del cuerpo, y empecé a temblar un poco. Estaba tan nervioso que al principio me negaba a subir al escenario.

—No puedo salir —le dije a mi mamá, que esperaba conmigo entre bastidores—. ¡Hay gente ahí fuera!

Planté los pies en el suelo entre bastidores y probablemente me habría quedado allí toda la noche si el guardia de seguridad del teatro no me hubiera levantado físicamente y sacado él mismo al escenario. Coño, ¡podría aun estar congelado en ese lugar! Pero una vez que subí al escenario, sentí la energía del público y me sentí totalmente bien. Era como si solo hubiera necesitado su energía para ponerme en marcha.

Con los nervios que se fueron tan rápido como llegaron, empecé a cantar «Ben» de Michael Jackson. Era una balada sencilla de la época de los Jackson 5 que mostraba la impresionante voz de Michael. Sabía que haría lo mismo con la mía.

El resto, como dicen, es historia. Gané aquel primer concurso de talentos y casi todos los siguientes. Mis canciones favoritas eran «Ben», «I Believe I Can Fly» y prácticamente cualquier canción de Tevin Campbell. A veces añadía algunos pasos de baile, pero casi siempre me limitaba a cantar, mostrando mi voz al público.

Me encantaba actuar. Era un subidón enorme ser el dueño de la sala cada vez que subía al escenario. Me empapaba de la energía del público, y era increíble ver sus reacciones cuando les demostraba mi registro vocal. Y sí, me encantaba la sensación de ganar y la idea de ganar un poco de fama local por ser bueno en algo. Muy bueno.

Puede que te sorprenda saber esto, pero todavía hoy sufro de miedo escénico. Me di cuenta desde bien temprano que la práctica era la única cura: cuanto más ensayaba, menos nervios sentía. Así que, como puedes imaginar, la práctica se convirtió en mi mejor amiga. Incluso ahora, tengo que seguir preparándome al mismo nivel para mantener a raya mi miedo escénico.

Antes de cada concurso de talentos, ensayaba como loco. Durante horas y horas y horas, me ponía delante del espejo de mi habitación cantando a pleno pulmón, perfeccionando cada nota y cada ejecución vocal. Si planeaba cantar una canción más movida y añadir algunos pasos de baile, también los practicaba sin descanso. Ese trabajo daba sus frutos cada vez que anunciaban mi nombre como ganador.

Por supuesto, también me encantaban los premios. Usaba las horas que recibía en el estudio de grabación para hacer demos y, en lugar de derrochar, ahorraba el dinero del premio para cubrir necesidades básicas. Me sentía bien al poder contribuirle algo a mi familia de una manera mínima. Además, en realidad no era una opción. El almuerzo en mi escuela costaba un dólar con cincuenta, y mi padre siempre me daba setenta y cinco centavos.

Tenía que arreglármelas por mi cuenta para conseguir el resto, y ahora no era una lucha.

Desde esa temprana edad, fui extrañamente independiente. Me apunté a la mayoría de esos concursos de talentos por mi cuenta, a veces sin decírselo siquiera a mis padres, que eran todo lo contrario de los padres escénicos: nunca habrían soñado con empujarme a competir. Yo era solo un niño. Pero cuando podían asistir a mis concursos, o cuando llegaba a casa y les contaba que había vuelto a ganar, estaban súper orgullosos de mí y siempre me animaban a seguir adelante.

Cada vez que tenía la oportunidad de reunirme con un agente de talentos o un ejecutivo discográfico, estaba seguro de que iba a ser mi gran oportunidad. Pensaba: «Ya está. Este será el momento en el que todo mi trabajo duro dará sus frutos y conseguiré un contrato discográfico».

Cuando una reunión no llevaba a ninguna parte, siempre estaba seguro de que la siguiente lo haría. Nada podía mermar mi confianza. Pero concurso tras concurso, victoria tras victoria, reunión tras reunión, nunca ocurrió. En retrospectiva, ni siquiera puedo decirte por qué esas reuniones nunca llegaron a ninguna parte. Solo sé que no lo hicieron.

Sin embargo, esto no me disuadió. Ni por un segundo. Suena arrogante, pero tenía cero dudas de que algún día sería famoso y tendría éxito. Ni siquiera puedo explicarlo. Simplemente sabía que el éxito y el superestrellato me esperaban a la vuelta de la esquina. No iba a dejar que nada me impidiera doblar esa esquina.

Ahora veo que estaba manifestando mis sueños al creer con tanta firmeza que ese sería mi futuro. Hay una gran diferencia entre solo decir las palabras mientras esperas lo mejor y creerlas de verdad en tu corazón. Para mí, era todo o nada.

> Hay una gran diferencia entre solo decir las palabras mientras esperas lo mejor y creerlas de verdad en tu corazón. Para mí, era todo o nada.

« »

Poco después de llegar a Nueva York para ir a la universidad, fijé mi mirada en *Showtime at the Apollo*. Sí, ya era un tipo bastante ocupado entre mis deberes, la composición de canciones y ahora este concurso. Por si no te has dado cuenta, eso es normal en mí.

Si no estás familiarizado con el programa, permíteme que te pinte la escena: el *Showtime at the Apollo* original se llamaba *Apollo Amateur Night*. Era un concurso semanal de talentos en el Apollo Theater de Nueva York, un teatro emblemático de Harlem que había empezado a funcionar en 1934. En los años ochenta y hasta principios de la primera década del dos mil, las cadenas empezaron a emitir una versión televisiva del *Showtime at the Apollo*. Era como el original *American Idol* para negros.

En el Apollo no había panel de jueces. El programa era famoso por descubrir nuevos talentos y por mostrar a un público extremadamente ruidoso y obstinado. El ganador de cada noche se basaba totalmente en la respuesta del público. Luego, ese ganador volvía y se enfrentaba a otros ganadores cada semana hasta que se anunciaba el ganador del gran premio al final de la temporada.

Lo que hacía único al *Showtime at the Apollo* era que el público no dudaba en abuchear a los artistas si no le gustaba su actuación. Al público no le importaba lo viejo o joven que fueras o cuánto de tu corazón estabas poniendo en tu actuación. Si no los impresionabas, no se contenían. A veces solo daban a la gente uno o dos segundos antes de empezar a abuchear. Déjame decirte que el ambiente en aquel teatro era duro.

El público del Apollo tenía en sus manos el destino de todos los competidores, y no solo abucheaba los actos que obviamente eran una broma. También abucheaban a muchos que eran buenos. Luther Vandross, James Brown y una Lauryn Hill de trece años son solo algunos de los que fueron abucheados en el Apollo.

Cuando pasé la audición y conseguí entrar en el programa, estaba nervioso. Era el mismo nivel de miedo escénico que había experimentado en aquel primer concurso de canto casi una década antes. Pero esta vez no actuaba para mi familia ni para un público amable de unas doscientas personas en el sur de Florida. Se trataba de una enorme multitud de más de mil quinientas personas. No tenía ni idea de qué esperar del público, pero supuse que buscarían cualquier excusa posible para abuchearme y bajarme del escenario.

Entre bastidores, antes de mi primera actuación, estaba sudando. Tenía ganas de sacarme el blazer que llevaba puesto encima de una camiseta blanca sin mangas con unos jeans holgados y rotos. La idea de que me abuchearan me ponía los pelos de punta. No sería una buena imagen.

Por otra parte, si ganaba, sería mi oportunidad para el estrellato. Se acabó la universidad. (Lo siento, mamá). Se acabaron las audiciones. No más pasar mi demo por los clubes, intentando con desesperación que me tomaran en serio. En vez de eso, tendría un contrato discográfico, giras, fans y una chequera bien gorda. Podría llegar a todo el mundo con mi música, como siempre había querido.

Así que respiré hondo para calmar los nervios y salí al escenario para cantar «Love», de Musiq Soulchild. Era 2006, durante mi fase neo-soul, y esa era una de mis canciones preferidas para las audiciones.

Para mi alivio, no oí ni un solo abucheo. De hecho, el público de inmediato respondió de manera positiva, me vitorearon cuando ejecuté algunos melismas y, al terminar, algunos incluso se pusieron de pie. Sabía que lo había logrado.

Me ponía nervioso cada noche que volvía y competía contra otro ganador en el Apollo, pero conseguía salir triunfante cada vez. Recibí vítores y ovaciones en lugar de abucheos, y salí del teatro como ganador una y otra vez. Me sentía increíble, y cuando me nombraron ganador del gran premio al final de la temporada, supe que ya estaba. Por fin lo había conseguido.

Y entonces... no pasó nada.

¿Qué demonios estaba ocurriendo? ¿Dónde estaban los medios de comunicación que se suponía que me deberían estar persiguiendo? ¿Dónde estaba mi contrato discográfico? ¿Dónde estaban los fans? Parecía como si, de algún modo, a nadie fuera de mi círculo íntimo de amigos y familiares le importara que hubiera ganado toda la temporada. ¿Cómo era posible?

La vida tiene una forma de enseñarte la humildad. Te hace caer hasta el fondo. Este fue un momento aleccionador y crucial para mí. De golpe y porrazo, pasé de pensar que podría dejar la universidad, firmar un contrato y ganar legiones de fans, a preguntarme si en realidad iba por mal camino.

Fue entonces cuando empecé a hacer audiciones para Broadway. Por supuesto, una carrera en Broadway sería un privilegio en sí misma, y también me traería algo de dinero, que en realidad nunca tuve. Pero estoy tan agradecido por no haberme desviado de perseguir mi sueño durante demasiado tiempo.

Aunque mi experiencia en el Apollo fue decepcionante, también fue validadora. Siempre había creído en mí mismo y, aunque no todo había salido como esperaba, ahora tenía la prueba de que mis sueños eran reales. Uno de los públicos más duros del mundo me había respondido de forma positiva, no solo una vez por casualidad, sino una y otra vez. Realmente podría lograrlo. No podía rendirme ahora. Solo tenía que encontrar otra forma de entrar.

Fue entonces cuando me di cuenta de una verdad fundamental sobre la persecución de mi sueño: tenía que hacerlo por mi cuenta. Nadie iba a venir y darme una carrera, ni siquiera una oportunidad. Si ganar un gran concurso como *Showtime at the Apollo* no era suficiente para lograrlo, entonces nada lo sería.

> Fue entonces cuando me di cuenta de una verdad fundamental sobre la persecución de mi sueño: tenía que hacerlo por mi cuenta. Nadie iba a venir y darme una carrera, ni siquiera una oportunidad.

Aquí hay una lección para cualquiera que intente abrirse camino en la industria musical, pero se aplica a ti independientemente de lo que quieras conseguir en la vida. No existe la gran oportunidad. Nadie más que tú va a forjar tu camino o a hacer que las cosas sucedan por ti. Eso depende de ti. Y no ocurrirá de la noche a la mañana, ni con una victoria, ni con un éxito, ni siquiera con un número uno. Se necesita toda una vida de trabajo, esmero y esfuerzo, y reinventarse una y otra vez para encontrar algún tipo de éxito duradero.

Lo mismo va para triunfar en las redes sociales. Mucha gente cree que si puede crear un video que se vuelva viral, lo habrá «conseguido». Un video viral es genial, sin duda. Pero, de nuevo, la verdadera pregunta es: ¿cómo vas a seguir siendo viral?

El éxito es un compromiso a largo plazo. Se trata de ser capaz de continuar captando los corazones y las mentes de la gente para que puedas formar parte de su vida cotidiana durante varios años y, en mi caso, varias décadas. Si puedes hacerlo, estás listo.

Me gusta decir que el éxito es prestado. Puedes alquilarlo, pero nunca puedes realmente poseerlo. En este momento de mi vida, poseo muchas cosas bonitas, pero no me engaño ni un minuto creyendo que soy el dueño de mi éxito como artista. Tengo que seguir pagando ese alquiler cada mes, como todo el mundo.

Del mismo modo, justo cuando crees que has tenido tu «gran oportunidad», te va a llegar el vencimiento del alquiler. El mundo avanza deprisa. A nadie le importa lo que hiciste antes. Coño, ni siquiera les importa lo que hiciste ayer. Ya están con lo siguiente.

¿Cuál es el secreto del éxito? Trabajar cada día para convertirte en lo mejor que puedas ser. Paso a paso. Día a día. Repitiendo una y otra (y otra) vez.

« »

Cuando «Whatcha Say» llegó al número uno, me pareció tan surreal. Esa noche, mi familia y yo estábamos comiendo en Friday's. (Ya te dije, lo mío es la corriente popular). Un montón de fans locales empezaron a acercarse a la mesa para saludarme o tomarse una foto conmigo. Mis padres estaban tan orgullosos de mí que mi mamá no pudo evitar echarse a llorar ahí mismo en la mesa.

Es más probable que te caiga un rayo siete veces que el primer sencillo de un artista se convierta en un número uno. Es una estadística real. Y en mi caso, tampoco ocurrió por casualidad, como un rayo. Nada en mi carrera ha sucedido por accidente, y ese número uno no fue una excepción.

Fue un momento precioso, pero también sabía que era solo el principio, y no quería que esa sensación de éxito desapareciera nunca. Me puse mucha presión para mantener el impulso. Además, cuando un artista nuevo tiene una canción tan grande como debut, toda la industria musical empieza a escudriñarlo. Sentí que me miraban con lupa. En «Whatcha Say» había optado por utilizar mucho Auto-Tune, y muchos críticos me lo señalaron, afirmando que había sido una muleta y que probablemente acabaría siendo un artista de un solo éxito.

En primer lugar, ¿te has dado cuenta de que la palabra «crítico» viene directamente de la palabra «criticar»? Todo su trabajo consiste en encontrar defectos en las cosas. Así que intento no tomarme a pecho esas críticas, pero también hago todo lo posible por aprender de ellas.

Tenía dos opiniones sobre estas críticas. Por un lado, claro que el Auto-Tune no era una muleta. Sabía que no tendría problemas con mi voz en la siguiente canción sin él. Por otro lado, todo esto aumentaba aún más la presión. Si no podía seguir a «Whatcha Say» con otro éxito, podría acabar siendo un artista de un solo éxito. Créeme, lo último que deseaba era que Jason Derulo estuviera aquí hoy y mañana ya no.

En lugar de celebrar y disfrutar del éxito de «Whatcha Say», estaba enfocado por completo en lo que iba a hacer a continuación. Es difícil conseguir un solo éxito. ¡Solamente lo había conseguido una vez en mi vida! ¿Pero dos éxitos? La idea de tener que volver a hacerlo me intimidaba. Así que no aflojé. Hice lo único que sabía hacer: trabajar.

Pasó más o menos un año entre el lanzamiento de «Whatcha Say» y la creación de un álbum completo. Ese periodo se centró en dos cosas: la promoción y la grabación.

A la hora de promocionar la canción, decidí enfocarme en la radio. Ahora las cosas son distintas, pero en aquel entonces el director del programa de cada emisora decidía lo que iba a tocar. Así que tenía que ganarme a esa gente.

Por supuesto, siempre confié en que mi música hablara por sí misma. Pero también sabía que tenía que darme a conocer para consolidar mi presencia en la radio. Piénsalo de este modo: si mi canción y la de otro artista estuvieran al mismo nivel, ¿cómo elegiría la emisora cuál de ellas poner? Todo se reduce a un elemento humano, y yo iba a hacer lo que hiciera falta para ganarme ese beneficio de la duda.

Casi todos los días volaba a otra ciudad, viajaba literalmente a casi todas las emisoras de radio de Estados Unidos y a muchas de otros países. Cené con todos los directores de programa, besé a sus bebés, hice amigos e intercambié números. Me convertí en el mejor amigo de la radio.

Mientras estuve en esas ciudades, me presenté donde pude, en bares y encima de camiones. En Tulsa, Oklahoma, actué con un jovencísimo Justin Bieber, que también estaba en el mismo circuito promocionando su primer sencillo.

Era. Un. Trabajo. Duro. Noches largas, días que empezaban temprano, ojos rojos y largos viajes en carro. Apenas dormía, pero aprendí a dormir la siesta de forma asombrosa. Hasta el día de hoy, esta habilidad es uno de mis mayores dones. Muchas veces iba sentado en la parte trasera del carro, de una emisora de radio a otra, profundamente dormido.

Nunca me importó. Ni por un segundo. Era mi elección, mi sueño y me sentía feliz, incluso honrado, de darle duro. Pero eso no quitaba que no fuera terrible para mi cuerpo y para mi voz dormir tan poco y cantar tanto.

Durante algunas actuaciones sonaba horrible. A veces mi voz necesitaba descansar, y otras veces me había despertado justo antes de la actuación. Tardé unos años en aprender acerca de la «voz matutina»: cuando duermes, aunque sea en el carro, las membranas mucosas se secan y la voz suena más grave e irregular. Además de perjudicar la actuación, cantar con voz matutina puede irritar aún más las cuerdas vocales. Archívalo en «cosas que me gustaría haber sabido».

Siempre que volvía a casa en Los Ángeles, aunque solo fuera por unas horas, me la pasaba en el estudio. Nuestro primer trabajo era decidir qué canción sería el siguiente sencillo, un esfuerzo de grupo entre J. R., yo, mi antiguo representante, Frank y los jefes de la discográfica.

El plan inicial era que mi segundo sencillo fuera «Ridin' Solo». Sabíamos que era una buena canción, pero yo no estaba convencido al cien por cien de que tuviera la fuerza suficiente para ser el siguiente sencillo. Así que seguí escribiendo más y más canciones; de nuevo, cientos de ellas.

Escribí una divertida canción bailable llamada «In My Bed», sobre un tipo que intenta que una chica se vaya a casa con él. A todos nos encantó y pensamos: «Esta es la que es». Luego escribí una llamada «Love Hangover» que también nos encantó. De nuevo, pensamos: «No, esta es la buena».

¿Recuerdas lo que dije sobre recibir retroalimentación? Esto es lo que hice. Cada vez que visitaba una emisora de radio, le ponía las dos canciones al director del programa y le preguntaba cuál le gustaba más. He aprendido que nunca se puede obtener una opinión sincera mostrando a alguien una cosa o tocándole una canción y preguntándole: «¿Qué te parece?». Nunca dirán simplemente: «Eh, creo que apesta».

Siempre he obtenido mucha más información de la gente pidiéndoles que comparen dos canciones. Luego presto mucha atención a cómo responden mientras escuchan la canción y justo después. Si alguien espera a que termine la canción y dice: «Está bien» o «Me gusta», esa no es la onda. No será una canción de éxito. Sé que le estoy tocando a alguien una canción exitosa cuando llega a la mitad y dicen: «¡Mierda!». Solo es algo especial si la gente pierde la cabeza.

En este caso, obtuve una respuesta mucho mayor a «In My

Bed», así que estábamos listos para lanzarlo como mi próximo sencillo. Entonces se la puse a la directora de programación de KIIS FM. «Me gusta», me dijo, «pero es muy atrevido en el estribillo. A nivel sónico, parece una canción para todo el mundo, pero no creo que los chicos puedan unirse a la fiesta con este sencillo».

Enseguida supe en mis entrañas que tenía razón. Además, KIIS FM es una emisora enorme e influyente en la zona de Los Ángeles. Necesitaba que la emisora apoyara la canción. Pero en lugar de cambiar de rumbo y lanzar «Love Hangover», volví a ponerle manos a la obra en «In My Bed». Mientras jugueteaba con la letra, se me ocurrió hacer un juego de palabras y cambiar «In My Bed» (en mi cama) por «In My Head» (en mi cabeza).

Con este pequeño cambio, la letra se convirtió en una fantasía en lugar de referirse en específico a algo sexual. Esto la hizo menos atrevida, y creo que ese juego de palabras la convirtió en una mejor canción en general. Fue un cambio loco de última hora, pero nos metimos de nuevo en el estudio para volver a grabar y enseguida lanzamos mi segundo sencillo «In My Head».

Después de eso, sentí que mi vida empezó a cambiar en serio. Todo estaba cayendo en su lugar tan rápido que parecía surrealista. Una semana «In My Head» estaba en el lugar noventa y nueve de las listas. La semana siguiente estaba en el noventa y ocho, luego en el noventa y siete, y así siguió. La repercusión radiofónica crecía de forma vertiginosa y yo empecé a ganar notoriedad en todo el mundo.

«In My Head» se convirtió en una de las top diez canciones en muchos países, incluido Estados Unidos. Hasta la fecha, ha vendido muchos millones de copias. No estoy presumiendo. Lo que quiero decir es que no puedes quedarte de brazos cruzados cuando crees que has triunfado. No es el momento de descansar. En realidad, es el momento de llevarlo al siguiente nivel y empezar a darle duro de verdad.

> No puedes quedarte de brazos cruzados cuando crees que has triunfado. No es el momento de descansar. En realidad, es el momento de llevarlo al siguiente nivel.

Está bien experimentar y fracasar cuando nadie conoce tu nombre. Y no estoy diciendo que no debas seguir asumiendo riesgos una vez que tengas éxito. Eso ya lo hemos hablado. Lo que digo es que solo cavarás tu propia fosa si después de un éxito inicial no haces nada o haces algo que solo es suficientemente bueno. Ahora la gente te está prestando atención. Ahora saben quién eres. Y si empiezas a creerte invencible y dejas a medias tu próximo trabajo, tu tercer proyecto les interesará mucho menos.

La lección aquí es que tienes que prepararte ahora para cuando el mundo te empiece a prestar atención. Supongamos que una de tus publicaciones se hace viral hoy. ¿Estás preparado para darle seguimiento y para que tus nuevos fans profundicen en tus otros contenidos?

Además de estar preparado, tienes que asegurarte de que te encante lo que creas. Cuando tengo una canción exitosa, sé que voy a tener que cantarla una y otra vez durante años. Del mismo modo, si triunfas en las redes sociales, tendrás que seguir produciendo el mismo tipo de contenido por el que ahora la gente te conoce y te quiere.

Por eso es tan importante que te mantengas fiel a tu visión creativa. No solo amar lo que haces cada día hace que sea más fácil trabajar duro, sino que también podrás respaldar tu producto cuando triunfe. Requiere equilibrio crear salvajemente mientras te guías siempre por lo que en realidad te emociona.

Después de «In My Head», lanzamos «Ridin' Solo» como tercer sencillo, que también alcanzó el top diez. Con tres canciones exitosas seguidas, definitivamente empecé a sentir que no podía fallar. Por un instante, empecé a creer que podía hacer lo que quisiera y que automáticamente triunfaría. Pero seguí rompiéndome el culo tanto como siempre, o incluso más. En lugar de querer relajarme tras esa serie de éxitos, el triunfo solo me dio más hambre.

Para mí, esa es la diferencia entre el ego y el tipo de confianza que se gana. El ego te dice que eres mejor que los demás, por lo que no tienes que esforzarte tanto como ellos. La confianza, en cambio, te dice que sabes lo que tienes que hacer para triunfar porque ya lo has hecho antes. Pero reconoces que tienes que poner la misma cantidad de trabajo para volver a hacerlo.

Mi ego nunca tuvo la oportunidad de crecer porque siempre he permanecido muy hambriento. Hasta el día de hoy, por mucho éxito que consiga, sigo queriendo más, y sé que siempre queda mucho espacio para crecer. Ya antes he trabajado para ganar, y no tengo miedo de volver a hacerlo. Es mucho más fácil mantener los pies sobre la tierra cuando estás constantemente a la caza en lugar de pensar que ya has llegado.

Como ya he dicho, todavía no creo que el éxito sea mío. En el fondo, siempre me pregunto si podré pagar el alquiler del mes que viene. Me gustaría decir que esto se basa en un sano sentido de la cautela y no en el miedo, pero sinceramente, me da muchísimo miedo fracasar. Empecé mi carrera aterrorizado, hoy estoy aterrorizado y seguiré aterrorizado hasta el final.

Siempre tengo presente esta sencilla verdad: todo tiene un final, y no sabemos cuándo llegará ese final. Ninguno de nosotros lo sabe. Siempre quiero sentirme seguro de que, si todo esto se acaba hoy, seré capaz de perseverar lo suficiente para descifrar qué vendrá después.

Sin embargo, admito que a veces lo llevo al extremo. Mi deseo de ganar es tan insaciable que podrías llamarlo obsesión, y probablemente tendrías razón. Incluso hoy, es como si no hubiera aprendido nada de aquellos primeros días de promoción. A menudo aún voy en contra de mi sano juicio y me exijo a un nivel insano.

Si tengo un día libre, lo cual es muy raro, lo paso en el estudio. Esto no me permite descansar mucho ni separar lo suficiente mi trabajo de mi vida. Realmente no hay diferencia entre ambos. La mayoría de los días, el único momento en que me tomo un descanso es cuando duermo. Si estoy despierto, no paro, voy de una cosa a otra.

No sé si esto está «mal» o «bien», pero sí sé que ha afectado otras partes de mi vida. Mis relaciones en particular lo han sufrido. Es difícil que alguien entienda mi mentalidad, porque la mía no es una forma normal de vivir o de pensar. Cuando tengo que elegir entre mi relación y mi trabajo, mi trabajo gana nueve de cada diez veces, y quizás sea generoso al decir que solo nueve.

Después de casi quince años en este negocio, sigue siendo un reto moderar mi ambición. Pero ¿acaso quiero hacerlo? Para seguir pagando el alquiler en un sector ultracompetitivo, tengo que ser como un perro, implacable. Tengo que estar obsesionado. No es para todo el mundo, y tiene sus desventajas. Pero si quiero continuar con esta forma única y especial de hacer la vida, significa que, en las buenas y en las malas, mi trabajo y mi arte siempre vendrán primero.

5

DEJA DE ALARDEAR.

« »

INVITA A TU PÚBLICO A LA FIESTA.

Como me decía mi padre, haz algo bien la
primera vez y no tendrás que repetirlo de
nuevo. A eso le agrego: observa la verdadera
belleza en todos y en cada cosa y nunca seas
demasiado terco para decir «lo siento».

—LUKE BRYAN

Una vez que «In My Head» se convirtió en un éxito del top
cinco, ya nadie podría acusar a Jason Derulo de ser un artista de un solo éxito. Poco después de lanzar ese sencillo, mi
representante me llamó y me dijo simplemente: «Estás en la gira
de Gaga».

No podía creer lo que estaba oyendo. No había duda de que la
gira mundial Monster Ball de Lady Gaga iba a ser absolutamente

enorme. Su nuevo álbum, *The Fame Monster,* ya tenía un montón de éxitos, como «Bad Romance», «Telephone» y «Alejandro». Además, estaba ganando premios a diestra y siniestra.

Con el año que acabada de tener Gaga, viviendo esa rara combinación de éxito crítico y comercial, que le pidiera a un recién llegado como yo que fuera de gira con ella decía mucho. Yo tenía dos sencillos de éxito en mi repertorio, pero ni siquiera había lanzado mi primer álbum. En realidad, nadie me conocía.

No me canso de repetir lo poco común e improbable que es que un artista sin álbum y con solo dos canciones en la radio reciba una invitación para unirse a la mayor gira pop del mundo. Y no puedo expresar con palabras lo emocionado que me sentí al enterarme de esta noticia. Tenía ganas de saltar por las nubes.

Gaga era increíble. Su gira, súper teatral y exagerada, era exactamente el tipo de espectáculo que yo mismo quería encabezar algún día. Todo lo que hacía Gaga era exuberante. Sus sets tenían varios pisos de altura, y el espectáculo incluía pirotecnia, humo e incluso fuego.

Y luego estaba su vestuario... En el escenario, Gaga llevaba un vestido mecánico que se movía solo, un hábito de monja translúcido y un sostén que disparaba rayos láser. Era genial. Gaga es una Artista, con mayúscula, y así es exactamente como yo, con veinte años, también quería verme.

Durante la gira, aprendí tanto viendo a Gaga salir al escenario y arrasar noche tras noche con todas esas cosas raras y extravagantes, por no hablar de su enorme talento. Era la artista más importante del mundo, y eso era exactamente en lo que quería convertirme. Así que decidí seguir su ejemplo y hacer también locuras fuera de lo común.

En aquella época, cuando empecé a salir a la escena, intentaba crear un ambiente de músico misterioso y ardiente, tanto en el escenario como fuera de él. Esa era mi marca, o lo que intentaba establecer como mi marca. Pero el tema es que ese no es necesariamente mi verdadero yo.

Aunque mi hermano, Joey, estaría en total desacuerdo, en la vida real me siento como un tipo común y corriente. Me encanta hacer ejercicio, y me gustan los deportes y salir a tomar algo tanto como a los demás. Creo que soy un hombre típico que tiene una vida muy atípica. Pero no pensé que ser un tipo común y corriente me ayudaría a destacarme como artista. Así que fingí ser otra persona.

Podría ser teatral, me dije. Podría llevar ropa de malla con pinchos. Podría disparar rayos láser, quizá no desde un sostén, pero ya te haces una idea. Era agotador interpretar este papel de hombre misterioso a toda hora, intentando encajar en la estética del artista, pero pensaba que eso era lo que debía hacer para tener éxito.

Me uní a la gira de Gaga en el último momento para sustituir al telonero inicial, Kid Cudi, que acababa de lanzar su álbum *Man on the Moon: The End of Day*. Tras unas semanas de gira, Kid Cudi se marchó para enfocarse en la grabación de su próximo disco. Al menos, eso es lo que dijo. Cudi es un gran artista, pero los fans de Gaga fueron duros con él. Para cuando salía al escenario cada noche, el público estaba encendido. Habían venido por Gaga, y querían ver a su chica.

La mayoría de las noches de la gira, el público empezó a corear «Gaga» durante el set de Cudi. A veces incluso abucheaban. Había visto lo que le había pasado a Cudi, y me compadecí de él. Verlo era doloroso, y esperaba que a mí no me ocurriera lo mismo.

Cuando me uní a la gira, solo tenía unos dos metros de escenario en que trabajar, porque Gaga no quería revelarle al público su impresionante set antes de salir al escenario. Además, el escenario estaba inclinado en un ángulo loco como parte de la teatralidad del espectáculo, lo que hacía que bailar en esa cosa fuera complicadísimo.

Para aclarar, no culpo a Gaga de nada de esto. Era su espectáculo. El resto teníamos suerte de participar en él. Hoy en día, yo tampoco revelo nada sobre mis espectáculos de antemano. El elemento sorpresa es una gran parte del impacto del espectáculo. Así y todo, mi estilo aspiracional de Gaga se veía limitado. Quería darlo todo, pero mis bailarines, toda nuestra utilería y yo estábamos hacinados en ese espacio pequeño e inclinado. Y mientras tanto, yo parecía un tonto que se esforzaba demasiado por ser alguien que obviamente no era.

Pero ¿sabes qué? No estoy enojado con mi yo joven y espabilado. Al principio de mi carrera, creía que debía esforzarme sin parar por ser el artista más emocionante, innovador y espectacular del mundo, y eso es exactamente lo que soy hoy. Pero en ese entonces aun no lo era.

También he aprendido desde entonces que no todo tiene que ser exagerado. Trabajar, vivir y crear fuera de lo común es estupendo, pero eso no hace que el producto final sea automáticamente mejor. Para ser mejor, tienes que realmente ser mejor, no solo más complicado y exagerado.

Otro problema era que en ese momento solo había lanzado un total de dos canciones. No tenía ni de lejos material suficiente para llenar treinta minutos. Antes de unirme a la gira, sentí una especie de pánico: ¿dónde iba a encontrar canciones para llenar treinta minutos, literalmente de la noche a la mañana? La respuesta me la dio nada menos que Whitney Houston. Ten paciencia conmigo, prometo que esto tendrá sentido en un minuto. Por aquel entonces, escuché por casualidad en la radio la versión de Whitney de «I Will Always Love You». Todos sabemos que Whitney es quien mejor lo ha hecho. Era una de las cantantes más talentosas y hábiles que ha existido, en cualquier parte del mundo, sin excepción. Pero mientras la escuchaba cantar aquel día, me di cuenta de que parte de la genialidad de Whitney consistía en que, a pesar de su increíble voz, la mantenía accesible a las masas. Era capaz de mostrar su etérea gama, tono y textura sin complicar en exceso su voz. Era clara, concisa y eficaz.

Algunos cantantes piensan que necesitan incorporar un montón de melismas y acrobacias vocales en sus canciones para mostrar sus habilidades. Claro que suenan muy bien, pero eso hace imposible que sus fans canten con ellos. Dios sabe que he oído a muchas chicas cantar con Whitney, aunque no logran ni acercarse a esas notas. Tú sabes quién eres. Pero de eso se trata: los mejores artistas pueden cantar una canción de forma muy limpia sin dejar de conectar con su público. Whitney lo sabía mucho antes que yo, pero me alegro de que me enviara ese mensaje justo cuándo más lo necesitaba.

Cuando estaba en la escuela de artes escénicas, mis profesores siempre nos inculcaban que si una canción es buena, debes poder tocarla acústicamente con la guitarra. Siempre he tenido esto en mente mientras escribía mis canciones. Así que decidí ampliar mi material tocando algunas de mis canciones dos veces.

Toqué cada canción una vez con todo el sonido, de la misma forma que la oirías en la radio, y luego la reduje al mínimo y la toqué acústicamente mientras cantaba a pleno pulmón. Así conseguía el claro y limpio «efecto Whitney» que buscaba. A veces incluso añadía una tercera versión rock de la misma canción, o simplemente hacía una versión de otra canción para completar mis treinta minutos.

Resultó ser una gran solución, pero enseguida quedó claro que el resto de mi exagerada puesta en escena restaba protagonismo a todo lo bueno que estaba haciendo en lo musical en las distintas versiones de las canciones. Imagíname ahí arriba cantando una versión despojada al estilo balada de «Whatcha Say», todo con pinchos y láseres que no tenían nada que ver ni siquiera con la canción original. A hora era aún más evidente que intentaba representar a alguien que no era.

Tomé nota y lo cambié, y al público no pareció importarle. Pero toda la experiencia aleccionadora se me quedó grabada. En primer lugar, aprendí que no soy un tipo de traje de malla. También descubrí que me encantaba hacer versiones acústicas de mis canciones, y las mantuve como parte habitual de mis espectáculos en vivo, incluso una vez que me convertí en la cabecera de mis espectáculos con todas las monerías. En las giras, disminuyo el ritmo de «Talk Dirty» y la canto limpia y clara, y déjame decirte, que bastante bien.

Aún más importante, aprendí que era más beneficioso para mí empezar con lo esencial si quería desarrollar todo más adelante. Las actuaciones escénicas exuberantes, los melismas complejos y los trajes elaborados están bien. Pero son el helado, o incluso la cereza del helado. No son los ingredientes principales.

« »

En enero de 2020, apenas había empezado a usar TikTok, y lo hice de la misma manera que con cualquier otra aplicación de redes sociales. Lo admito, por aquel entonces no me interesaban mucho las redes sociales. Sabía que tenía que estar ahí para mantenerme al día y cumplir mis objetivos, pero por momentos sentía que estaba siendo falso y forzado cada vez que publicaba algo en línea.

Escribir mis pensamientos y compartirlos en Twitter no era lo mío, y mostrar lo que tenía en Instagram tampoco me parecía orgánico. Así que hice lo que hacen muchos artistas: publicar lo suficiente sobre mi música como para salir del paso, pero no lo suficiente para causar un verdadero impacto.

Al principio, me pasó lo mismo con TikTok. A principios de 2020, la canción «The Box» de Roddy Ricch (y los videos que la acompañaban) estaban arrasando en la plataforma. Me sumé a la tendencia y publiqué un video mío haciendo ejercicio con la canción sonando de fondo. En el video, hago algunas flexiones llamadas «muscle-ups» (que son dominadas seguidas de una bajada), con cara de piedra y concentrado, como esa estrella del pop melancólico que aún intentaba ser. El video tuvo una respuesta decente, pero nada importante.

Así era como usaba las redes sociales en aquella época. La intención era reforzar mi imagen de artista sensual. No es que hubiera querido ser poco auténtico, pero mis publicaciones estaban armadas, y mi actitud era más de «mírame» que de «únete a mí». Intentaba impresionar a mi público en lugar de conectar con ellos, igual que un cantante que se jacta con un montón de melismas complejos.

Solo que un par de meses después llegó la pandemia. Como todo el mundo, me tuve que quedar en casa. Pero a diferencia de la mayoría de la gente, yo estaba emocionado. No me malinterpretes: era horrible ver lo que estaba ocurriendo en el mundo, y me compadecí de todos los que sufrían, en especial de los que habían perdido a un ser querido. Tenía muchos espectáculos programados para el resto de 2020, y fue una gran decepción tener que cancelarlos todos. Pero siempre intento mantener una actitud positiva, y para mí, quedarme en casa durante un tiempo fue un gran alivio.

En aquel momento, había estado tanto de gira y de promoción que me había olvidado por completo de lo que era estar en casa. Desde aquella primera gira promocional de «Whatcha Say», una década antes, había estado en un avión casi todos los días, esta vez para ir de un concierto a otro. No exagero. En 2019 estuve en casa sesenta días de todo el año. Incluso cuando estaba en casa, siempre tenía un espectáculo a la vuelta de la esquina para el que me estaba preparando.

Pasar de ese ritmo a estar en casa durante meses fue increíble. Pude bajar el ritmo y disfrutar de estar en mi propio espacio. Cuando de repente me despertaba en mi propia cama y me preparaba el desayuno todas las mañanas, pensaba: «¡Vaya! ¿Así es como vive la gente?». Me sentía genial.

Pero no soy de los que se pasan el día sentados sin hacer nada. Empecé a preguntarme qué podía hacer con este regalo de tiempo libre. Llevaba tiempo queriendo ser más activo en las redes sociales, especialmente en TikTok, así que decidí empezar por ahí.

Mucho antes de la pandemia, ya sabía que mis sobrinas y sobrinos y todos sus amigos estaban en la aplicación, así que un día decidí probarla en vivo y para hacerme una idea. De repente, había un millón de personas conectadas a mi vida. Me di cuenta de que había mucha más gente allí de lo que pensé en un principio, sobre todo un montón de gente joven. Recuerdo haber pensado que TikTok podría ser un recurso que quería aprovechar, pero había estado demasiado ocupado de gira y grabando, y no lo hice una prioridad.

Ahora, con tiempo extra en mis manos y una creatividad desbordante sin lugar donde aterrizar, tuve mi oportunidad. Empecé a jugar con la creación de distintos videos y, por primera vez, me empecé a divertir de verdad en una aplicación de redes sociales.

Parte de la magia residía en el hecho de que TikTok se adaptaba mejor a mí a nivel personal que otras plataformas de redes sociales. Los videos más populares de TikTok eran cortos y alegres, que es el tipo de contenido que me encanta y al que sabía que mi público respondería. Además, era completamente abierto. En TikTok había retos y videos virales de playback en los que era divertido participar, pero también podía publicar lo que quisiera. No había una fórmula estricta, así que podía esforzarme a nivel creativo y abrir mi mente para experimentar con tipos de contenido totalmente nuevos que nunca había creado ni visto antes.

En lugar de ver TikTok solo como un lugar donde publicar

contenido, empecé a verlo como un lugar donde jugar, donde expresarme a nivel creativo, divertirme y conectar con mis seguidores, quienes, con sus respuestas, me animaron a ser yo mismo y a compartir las partes crudas, a veces tontas y sin filtros de mi vida.

> En lugar de ver TikTok solo como un lugar donde publicar contenido, empecé a verlo como un lugar donde jugar, donde expresarme a nivel creativo, divertirme y conectar con mis seguidores.

Por ejemplo, cuando publiqué un video en el que salía bailando en mi armario como si nadie me estuviera viendo, llegó a tener doce millones de reproducciones. Sin montajes extravagantes, sin pasos supercomplicados. Doce millones de reproducciones. Además, hacer ese video era mucho más divertido que hacer el tipo de videos de entrenamiento, impresionantes pero inaccesibles, que había pensado tontamente que quería mi público. Este me tenía solo a mí bailando y haciendo tonterías, siendo yo mismo, y a mis seguidores les encantó. Eso me abrió los ojos de una forma tremenda.

Un video llevó a otro y otro más, lo cual llevó a varios más. Cuanto más publicaba y más auténtico era en esos videos, más seguidores ganaba. De pronto, mi cuenta de TikTok era una enorme fuente de orgullo para mí. Parecía como si de repente el mundo entero estuviera copiando mis pasos de baile, y en poco tiempo empecé a ganar unos doscientos o trescientos mil seguidores al día. ¡Al día! Incluso después de todos los éxitos que me había ganado a pulso en la industria musical, nunca me habían elogiado ni apoyado por ser yo mismo. Había llegado el momento.

Con el aumento de mi número de seguidores y todo el impulso que conllevaba, empecé a sentir mucha presión para producir videos nuevos y únicos que mantuvieran entusiasmada a mi creciente base de fans. Muchos de ellos me estaban conociendo por primera vez como artista e incluso como persona. Solo me conocían como TikTokero, lo cual era una locura para mí. Una parte de mí pensó que si quería mantener su interés, tenía que sorprenderlos con un contenido complejo que no se pareciera a nada que hubieran visto antes.

Ya había grabado el primer video de mi serie Uzo —una historia de alter ego en forma de cómics que creé en TikTok— con mi iPhone, y había sido muy bien recibido. Decidí dar un paso más con el siguiente. Contraté a todo un equipo de expertos en artes marciales para que vinieran a mi casa y coreografiaran una escena de lucha gigantesca. Añadimos algunos elementos cómicos y la rodamos con una cámara costosa. Cuando vi el video final, me súper entusiasmé. Parecía una escena sacada de una película.

Moría de ganas de compartirlo con mis seguidores en TikTok y ver sus reacciones. Y entonces... fue un fracaso total. Para mí, eso significaba setecientas mil reproducciones. Sí, es mucho, pero entiende que mis videos anteriores tenían catorce millones de visitas, treinta millones de visitas, y luego... ¿setecientas mil? ¿Cómo era posible?

Había puesto todo mi empeño en ese video en concreto y le había dedicado mucho tiempo y energía. Pensaba que era mucho más importante y mejor que mis otros videos. ¿Cómo podía ser este el que fracasara?

Me costó mucho caer en la cuenta de que esa mentalidad de «cuanto más grande mejor» no era más cierta en TikTok que en un escenario o en una canción. Esos videos brillantes, con colores corregidos y de alta tecnología no eran lo que mis seguidores esperaban o querían de mí. Para tener éxito, mis videos tenían que ser orgánicos y realistas. Al igual que hacía con mi música, tenía que conectar con mis seguidores a través de mis publicaciones en lugar de intentar impresionarlos.

Era el efecto Whitney otra vez. ¿Por qué no había aprendido la lección la primera vez?

> Me costó mucho caer en la cuenta de que esa mentalidad de «cuanto más grande mejor» no era más cierta en TikTok que en un escenario o en una canción.

A partir de entonces, en lugar de intentar superarme a mí mismo y a otros creadores de la plataforma, me centré en las tendencias existentes y en los tipos de contenido con los que me identificaba a nivel personal. Luego les di mi propio toque, de forma que resultaran impresionantes pero también accesibles y fieles a mi verdadero yo. Y siempre me aseguré de animar a mis seguidores para participar en la diversión. Por fin les estaba diciendo «únete a mí» en vez de «mírame».

He aquí un ejemplo. En aquel momento había un reto popular en TikTok para que la gente se metiera en los pantalones de un salto. Suena raro cuando lo digo así, pero este es el tipo de mierda ligera y divertida de la que trata TikTok. En la mayoría de estos videos, la persona se ponía en ropa interior mientras otra persona le sujetaba los pantalones delante de ella. A veces, la persona se sujetaba los pantalones delante de sí misma. Luego intentaban saltar y, literalmente, aterrizar en los pantalones. No es un movimiento fácil.

En TikTok había videos divertidísimos de gente que fracasaba de forma estrepitosa en este reto y se caía de bruces, literalmente. Algunas personas consiguieron ejecutar el salto, pero me di cuenta de que muchos de los que lo hicieron habían hecho un poco de trampa: o bien habían bajado los pantalones, lo que facilitaba el aterrizaje, o habían saltado desde un mueble para ganar altura.

Decidí aceptar este reto y elevar la tendencia consiguiéndolo de la forma más difícil posible: sin trampas. Hice que mi novia de entonces y uno de mis amigos se pusieran delante de mí, cada uno agarrando un lado del pantalón. Salté desde el suelo plano —sin correr ni nada— directo a las piernas del pantalón. Era el equivalente a dar un salto de caja de metro y medio y caer al suelo vestido.

Grabamos el video con un iPhone, sin efectos especiales ni trucos de cámara, salvo la cámara lenta para que los espectadores pudieran ver claramente lo magistral que era el paso. Todo el video tardó menos de diez minutos en prepararse y ejecutarse, y fue limpio, conciso y eficaz. Y tuvo ochenta y un millones de reproducciones.

Esa vez aprendí la lección, sin duda.

Un par de semanas más tarde, vi un video en TikTok en el que una chica se agachaba para recoger algo del suelo, y su novio intentaba darle una palmada en el culo. Pero esta chica conocía demasiado bien a su chico y levantó la mano instintivamente para bloquearlo, lo que dio lugar a un «choca esos cinco» divertidísimo y no intencionado.

Me partí de risa viendo ese video porque me sentía identificado. Sin duda era algo que mi novia de entonces podría haber hecho. Así que decidimos darle nuestro propio giro y elevar un poco el video, pero sin hacer nada demasiado extravagante.

Traje a mi videógrafo y utilizamos muchos ángulos cinematográficos, tensión dramática e incluso algunas tomas de reacción de mi perro, Ice. El video final se desarrolló como un enfrentamiento en el Viejo Oeste, pero con una bofetada en el trasero en lugar de un tiroteo. Me pareció genial, pero ¿esperaba que fuera mi TikTok más visto hasta entonces, con más de ciento cincuenta millones de visitas? Claro que no. Pero, por otra parte, dudo que Whitney Houston pensara alguna vez que sería recordada por una versión despojada de una canción de Dolly Parton.

Creo que una vez alguien dijo que lo importante no es el tamaño, sino cómo lo utilizas. Ahora bien, no sé si eso es verdad, pero sí sé que este dicho es cierto al menos cuando se trata de la mayoría de tus habilidades. Sin importar lo que vayas a crear, piensa en cómo puedes simplificarlo para que la gente pueda unirse a ti en lugar de solo observarte.

>> Sin importar lo que vayas a crear, piensa en cómo puedes simplificarlo para que la gente pueda unirse a ti en lugar de solo observarte.

Entiendo que quieras hacer alarde de tus talentos. Todos queremos lo mismo. Pero si cada momento está lleno de parafernalia, perderás la esencia del asunto. ¿Cuál es el corazón de lo que intentas transmitir? Casi siempre es la conexión. Piensa en ello antes de añadir extras.

Permite que la gente se una a la fiesta y también que mire. Este consejo es válido para cualquier oficio. Llegarás mucho más lejos conectando con la gente que presumiendo ante ella. Créeme, cuando eres tan bueno en algo, la gente no podrá evitar darse cuenta.

6

LOS OBSTÁCULOS SON OPORTUNIDADES.

« »

APROVECHA LAS BENDICIONES CREATIVAS DISFRAZADAS.

Muy bien, hagámoslo de nuevo —dijo mi entrenador, palmeando las manos. Me tomé un segundo para secarme el sudor de la frente y luego volví a colocarme en posición sobre el piso de cemento. El gran estudio de ensayo de Broward, Florida, cerca de Fort Lauderdale, estaba dividido en dos: una mitad con el suelo de cemento duro y la otra cubierta de acolchado. El hormigón era más parecido a un escenario, así que allí era donde practicaba.

Respiré hondo. Estábamos en la sexta hora de ensayo y estaba cansado. Pero también estaba dispuesto a darlo todo durante este último esfuerzo. No había música ni conversación. Me encontraba enfocado y la sala estaba sumida en silencio.

Con una respiración profunda más y un gran empujón, me lancé hacia atrás al aire y aterricé sobre mis pies. Sin pausa, lo volví a hacer, y luego otra vez. Estaba acondicionando las volteretas hacia atrás, lo que significa que hacía muchísimas, una tras otra para aumentar mi resistencia y asegurarme de que podría ejecutar volteretas hacia atrás impecables durante mis espectáculos.

Era 2012 y estaba a punto de emprender mi primera gran gira mundial como titular. Mi segundo álbum, *Future History*, acababa de salir, y estábamos ensayando para el Future History World Tour. Me sentía súper entusiasmado y listo para ofrecer el tipo de espectáculo teatral con el que siempre había soñado. No hay palabras para describir lo emocionado o lo decidido que estaba a ofrecer un espectáculo increíble a mis fans.

Nunca había sentido tanta esperanza en mi vida. Parecía que con cada sesión de entrenamiento añadía una nueva herramienta a mi arsenal. La gira iba a tener un montón de bailes locos y gimnasia, y por fin me sentía preparado. Las acrobacias me salían de forma natural una vez que las entendí, y cada vez encontraba más formas de incorporarlas a mi actuación. Mi mente se mareaba con las nuevas posibilidades de cada paso que aprendía, y visualizaba formas de añadir secuencias más desafiantes —y asombrosas— a mi actuación.

Tras otra pausa de diez segundos, llegó el momento de otra ronda. Una vez más, me coloqué en posición, inhalé y me lancé desde el piso, pero esta vez, el pie se me deslizó un poco hacia un lado. Las cosas van muy deprisa cuando vuelas hacia atrás. Ya estaba en el aire y me quedé paralizado, incapaz de comprender lo que había ocurrido y lo que debía hacer a continuación.

Aterricé de cabeza y oí un fuerte crujido. Lo único que pude pensar fue: «Mierda», mientras me agarraba el cuello. Por alguna razón, el instinto me llevó a sostenerlo. Con la ayuda del entrenador con el que estaba trabajando, me levanté —la segunda peor decisión del día después de elegir hacer volteretas sobre un piso de cemento—. Se supone que nunca debes moverte ni levantarte justo después de una lesión de cuello o columna. Pero en aquel momento estaba demasiado dolorido y conmocionado para pensar en nada de eso. Me limité a murmurar: «Voy al hospital», mientras caminaba lentamente hacia la puerta.

Mi mamá estaba fuera, esperándome. Me estaba preparando para iniciar una gira mundial masiva y mi chequera engordaba día a día, pero seguía viviendo en casa de mis padres. Así de rápido había estado girando mi mundo desde que salió mi primer álbum. Ni siquiera tuve tiempo de buscar mi propia casa.

En retrospectiva, me doy cuenta de lo descabellado que era todo eso. Tenía canciones exitosas en la radio, llenaba estadios, aparecía todo el tiempo en televisión e incluso salía con otra estrella del pop... todo mientras vivía en casa de mi mamá con un «estudio casero» que no era más que un viejo ordenador Dell en el sótano. Pero estaba demasiado metido en la música y en la cresta de la ola como para preocuparme.

Al mismo tiempo, era lindo estar rodeado de mi familia en este momento tan loco de mi vida. Me mantuvieron con los pies en la tierra y supe sin ninguna duda que se preocupaban por mí porque era yo y no por mi repentina afluencia de dinero o fama.

El inconveniente de que se preocuparan tanto por mí era que

sabía que mi mamá se volvería loca en cuanto se enterara de que me había lastimado. Me acerqué a ella y le dije, muy tranquilo: «Creo que deberíamos ir al hospital. Me he lastimado un poco el cuello y quiero que me lo miren».

Sentía tanto dolor que apenas podía caminar. Mientras mi mamá me llevaba al hospital, cada pequeño bache de la carretera era un infierno. Deseaba con desesperación que redujera la velocidad, pero tampoco quería que supiera lo mal que estaba. Solo intentaba respirar y mantener la boca cerrada a pesar del dolor insoportable que sentía.

Unas horas después, tras esperar y hacerme radiografías y demás, el médico me dio la noticia de que tenía el cuello roto. Eso significaba nada de giras, ni actuaciones, ni ejercicios. De repente todo en mi vida se paró en seco y quedé destrozado.

No soy de llorar. Quizás pueda contar con los dedos de las manos el número de veces que he llorado en toda mi vida. Pero ese día derramé una lágrima. No podía creer que esto estuviera ocurriendo. ¿Cómo había sucedido? ¿Por qué a mí? ¿Qué he hecho para merecer un accidente tan extraño? ¿Quién se rompe el cuello? Además de mi propia decepción, me mataba defraudar a los fans de todo el mundo que habían comprado entradas y estaban deseando verme actuar.

Entonces el médico me dijo que la fractura concreta que había sufrido se llamaba la fractura del ahorcado. Es una fractura de la segunda vértebra, que es lo que suele matar a las personas que son ahorcadas. Había estado a un centímetro de la muerte y aún más cerca de quedar paralítico para el resto de mi vida.

Tuve suerte y agradecí que no hubiera sido peor, pero también era consciente de cómo esta lesión podía retrasar o incluso poner fin a mi carrera. Tendría que pasar un par de meses en cama y siete con un collarín. La lesión fue devastadora, pero también estaba decidido a no dejar que me destrozara ni me detuviera.

Enseguida recurrí a la música, y se convirtió en una gracia salvadora. Componer música me levantó el ánimo durante lo que podría haber sido una época muy deprimente. Ya no podía hacer malabarismos con un millón de proyectos creativos a la vez. Ni siquiera podía ducharme sin ayuda o atarme los zapatos. Pero aún podía componer canciones y, por el momento, eso era suficiente.

En lugar de quedarme tumbado compadeciéndome de mí mismo, concentré toda mi energía en aprovechar este contratiempo como una oportunidad. En cuanto pude hacerlo sin peligro (quizá incluso un poco antes, si te soy sincero), empecé a ir al gimnasio todas las mañanas y a caminar en la cinta. No era mucho, pero era el único «entrenamiento» que podía hacer. Así que eso es lo que hice. Luego me iba a casa a hacer música.

> En lugar de quedarme tumbado compadeciéndome de mí mismo, concentré toda mi energía en aprovechar este contratiempo como una oportunidad.

Durante meses, escribí una canción tras otra. Y en lugar de componer música triste sobre cómo me sentía por dentro, escribí canciones realmente alegres y edificantes como «Talk Dirty», «Wiggle», «Trumpets», «Marry Me» y «The Other Side». Aún no podía bailar estas canciones, pero me hacía sentir bien saber que otras personas sí pudieran hacerlo. Me dije que algún día yo también lo haría.

Que no te quepa la menor duda: el año que pasé recuperándome no fue del todo bueno. Mi lesión me tenía en un mundo de dolor, y el collarín que tuve que llevar durante meses me hizo sentir aún peor. El collarín se me clavaba en la barbilla y el dolor no me dejaba dormir. Y fue un gran golpe para mi ego verme tan limitado e indefenso, por no hablar de verme obligado a hacer una pausa en mi carrera en un momento tan crítico.

Cuando terminó el año y me recuperé, miré hacia atrás y me di cuenta de que había aprendido tanto de este obstáculo. Descubrí que cuando puedes ralentizar tu mundo y centrarte en tu oficio, se abren nuevos niveles de creatividad. No es casualidad que escribiera tantas canciones exitosas en una época en la que escribir música era básicamente lo único que podía hacer. La energía enfocada es diferente y conduce a un resultado de otro nivel que cuando solo encuentras tiempo para crear aquí y allá.

A veces puedes elegir ese tiempo para ti, pero de vez en cuando te lo imponen. Puede venir en forma de una situación que parece un obstáculo por fuera. O, seamos realistas, puede ser un auténtico obstáculo tanto por dentro como por fuera. Pero sea como sea, siguen siendo bendiciones creativas disfrazadas.

Antes de mi lesión en el cuello, cuando estaba componiendo mi segundo álbum, *Future History*, en realidad no tuve ese mismo tipo de concentración. Trabajé duro en *Future History*. Es un buen álbum, y conseguí algunos éxitos con él. Pero lo compuse en medio de la promoción de mi primer álbum y de mi primera aparición bajo los reflectores. Como resultado, el proceso no fue como cuando estaba completamente enfocado en mi primer álbum y después, durante mi recuperación, cuando compuse el tercero.

Sonaría cursi decir que mi lesión del cuello fue lo mejor que me podría haber pasado. En realidad, eso sería ir demasiado lejos. Pero la lesión acabó dando un gran impulso a mi carrera en lugar de hacerme retroceder. Cuando estuve postrado en cama, compuse cinco sencillos de platino. Escribirlos me ayudó a mantener la cabeza en un espacio positivo, y ese álbum me distinguió como un verdadero artista que claramente no iba a desaparecer pronto.

También asumí riesgos creativos en ese álbum con canciones como «Talk Dirty». Después de eso, pude hacer una gira a una escala del todo distinta, aún mayor y más emocionante que la que había planeado para el Future History Tour. Aunque esta vez me aseguré de no practicar volteretas sobre cemento.

De esa lesión también surgieron otros regalos. Literalmente, no poder hacer nada por mí mismo después de haber sido tan independiente durante la mayor parte de mi vida fue una experiencia increíblemente aleccionadora. La odiaba. Pero también me enseñó lo que en realidad importa en la vida. Cuando todos los espectáculos y videos musicales y apariciones en televisión y entrevistas radiofónicas y fans desaparecen de repente, ¿quién está ahí, pase lo que pase? Solo mi mamá. Estaba ahí a mi lado, siempre dispuesta a cuidarme.

Que todo se ralentizara de ese modo en medio de mis

primeros éxitos también evitó que me la creyera demasiado. En retrospectiva, veo que fue muy importante para mí que esto ocurriera, como persona y como artista. Me enseñó a bloquear todo el ruido de la celebridad y mantener la cabeza gacha y la mente en su sitio.

El aislamiento durante la pandemia de COVID fue un momento similar para mí. Cuando descubrí las posibilidades de la aplicación, utilicé ese tiempo para concentrarme en la creación de videos de TikTok, y fue entonces cuando mi público en línea empezó a crecer de verdad. Me encantó la oportunidad de experimentar y expresar mi creatividad de nuevas formas. Además, esa vez no estaba en cama, así que pude esforzarme y crear material físico, humorístico y musical al mismo tiempo.

¿Habría asumido grandes riesgos creativos y alcanzado el mismo nivel de éxito si una lesión grave no me hubiera obligado a tomarme un respiro y evaluar mi carrera, o si no hubiera vivido una pandemia? Nunca lo sabré. Lo que sí sé es que estos dos periodos de cuarentena forzosa me recordaron que la vida vale oro. No existe el tiempo libre porque cada minuto es valioso. El truco está en aprovechar esos momentos de inactividad cuando puedas y utilizarlos para volverte más fuerte, más enfocado y más prolífico.

> ## No existe el tiempo libre, porque cada minuto es valioso.

Han pasado diez años y un montón de éxitos desde mi lesión, y no he olvidado las lecciones que aprendí al ver aquel obstáculo como una oportunidad. Las usé a mi favor años más tarde cuando me enfrenté a otra situación que fácilmente podría haber sido vista también como un contratiempo.

En 2017, lancé la canción «Swalla», que se convirtió en un éxito de platino en todo el mundo. Había alcanzado mi punto álgido como artista y le dediqué muchas horas a mantener el impulso. En ese momento, llevaba casi una década con Warner Music, y los años en la industria musical son como los años del perro. En poco tiempo se producen muchos cambios.

Para ese entonces, las personas de Warner que me habían «descubierto» y firmado, y que habían creído tanto en mí que apostaron sus propias carreras por mi éxito, hacía tiempo que se habían marchado. De hecho, yo había pasado por tres regímenes completamente distintos, lo que significaba que todo el personal se había ido y había sido sustituido en tres momentos diferentes.

Cada vez que entraba personal nuevo, se centraban en hacerse un nombre firmando a nuevos artistas. Así es como funciona la industria musical. No te estableces ayudando a un artista emblemático a mantener su éxito. Para ellos, hacer un álbum exitoso con Jason Derulo no era tan emocionante. Llevaba años haciendo discos exitosos. La verdadera recompensa está en descubrir a alguien nuevo. Esto significaba que, con cada cambio de régimen, yo recibía cada vez menos energía y atención del equipo.

Tras la salida de «Swalla», parecía que había llegado el momento de otro cambio de régimen, el cuarto por el que había pasado en la discográfica. Esta vez, sin embargo, el nuevo personal llegó con sus propias ideas para mi música. Estaba trabajando en material nuevo, como siempre, y no dejaban de animarme a que compusiera canciones más R&B que pop. Esta gente procedía más de la música urbana, así que yo entendía su perspectiva, pero mi intención tampoco era crear un sonido R&B.

Me sentía frustrado, por decirlo de algún modo. Como artista negro, me habían empujado al terreno del R&B durante años. Pero a estas alturas, pensaba que tenía suficiente credibilidad como artista pop para ceñirme a ese género. La realidad era que este equipo no me entendía. También me asignaron trabajar con un tipo nuevo muy joven en A&R (artistas y repertorio). Sin ánimos de faltarle al respeto, hacía su trabajo bien. Pero sentí que esta asignación reflejaba cómo me veían como artista.

Toda la situación me pareció una locura, porque en ese momento yo había sido el artista más exitoso de la discográfica durante mucho tiempo. Uno pensaría que ese éxito habría sido muy valorado. Pensé: «Les he mantenido las luces encendidas durante una década. Preciso atención al detalle. Preciso atención y punto». La discográfica acababa de darme una placa por vender doscientos millones de discos, y de repente intentaban decirme cómo hacer mis canciones.

Fue un momento de desánimo para mí, sin duda. Al sentir esa falta de energía por parte de la discográfica, tampoco me encontraba en una gran zona creativa. Se suponía que iba a lanzar un nuevo álbum bajo este régimen llamado *2Sides*. Los dos lados del álbum iban a reflejar los dos lados de mi música: uno con un sonido más pop y otro con una onda más urbana. La idea era lanzar *Side 1*, un EP de seis canciones, y más tarde otro EP de seis canciones para *Side 2*.

Cuando lanzamos *Side 1*, no me sorprendió tanto que las canciones no pegaran igual que las anteriores. Esas canciones sin duda reflejaban mi disgusto y el no estar del todo a nivel creativo. Por primera vez desde que era un pequeñín, no le estaba dedicando todo el tiempo que debería, y mi público podía sentir esa falta de compromiso y energía en la música.

Esto fue un gran golpe para mi ego. En momentos como ese, pueden empezar a asaltarme pensamientos oscuros. Había sido un artista exitoso durante una década. Había tenido una buena racha. ¿Era una señal de que había llegado mi hora?

Entonces supe que la mejor forma de acallar esos pensamientos era enfocarme en el trabajo y recordarme a mí mismo que ya había estado antes en situaciones como ésta, con la espalda contra la pared. Si pude recuperarme y volver aún más fuerte de una fractura de cuello y de una gira cancelada, entonces también podría recuperarme de esto.

Ya te he hablado de la diferencia entre el ego y la confianza ganada. Además de saber por experiencia lo que se necesita para tener éxito y estar dispuesto a repetirlo, este es otro aspecto de la confianza ganada: saber por experiencia cómo recuperarse de los contratiempos y también estar dispuesto a volver a hacerlo.

> **Otro aspecto de la confianza ganada: saber por experiencia cómo recuperarse de los contratiempos y también estar dispuesto a volver a hacerlo.**

Sabía que la mejor manera de avanzar era dejar a Warner. Así podría volver a poner todo mi corazón en mi música. No importa cuántas horas y cuánta energía le dediques, al final solo eres tan bueno como tu equipo, y mi equipo no estaba cumpliendo.

El problema era que aún tenía contrato.

Mi representante y yo fuimos a la discográfica y les pedimos que me liberaran de mi contrato. Por supuesto, no querían dejarme ir. Puede que mi música o mi carrera no les apasionara tanto como antes, pero seguro que seguían sacándole provecho. Se convirtió en una situación renegada, y llevó más tiempo del que me hubiera gustado, pero al final pude salirme del contrato y cancelar el lanzamiento de *Side 2*. Te ahorraré los detalles escabrosos.

Me sentía feliz. Por fin podía hacer lo que quisiera, lo que me pareció muy liberador. Podía hacer lo que quisiera a nivel creativo. Además, pensé que podría conseguir fácilmente un nuevo contrato con cualquier discográfica. Para ese entonces, ya había vendido doscientos millones de discos. No hay muchos artistas en este mundo que hayan hecho eso. Supuse que podría entrar en cualquier discográfica y conseguir lo que quisiera.

Y eso es exactamente lo que no ocurrió.

Fue una gran sorpresa para mí. Me acerqué a un montón de sellos diferentes, y no paraban de decirme que era demasiado caro o que no era lo que andaban buscando en ese momento. Me encontré con los mismos obstáculos que en Warner. Ninguno de los grandes quería pagar por jugar. Contratar a un artista consagrado como yo era una inversión. Yo sabía que tenía un precio, pero pensé que para entonces ya había demostrado que lo valía.

No, querían descubrir a alguien nuevo por quien no tuvieran que pagar un recargo. Pero a mí no me parecía posible. No muchos artistas habían hecho lo que yo había logrado en toda la historia de la música. ¿Y nadie quería firmarme? La verdad es que no lo entendía.

Espero que ya me conozcas lo suficiente como para saber que no iba a dejar que esto me detuviera. Ni por un minuto. Si solo era tan bueno como mi equipo, entonces me limitaría a ser mi propio equipo. Decidí que iba a hacerlo por mi cuenta.

Ahora sé que se trataba de otra oportunidad disfrazada de obstáculo. En ese momento, la industria musical (y el mundo entero) era un lugar completamente distinto del que había sido cuando firmé por primera vez con Warner. Entre YouTube, Spotify y las redes sociales, los artistas ya no dependían tanto de las discográficas como antes, aunque la mayoría de los grandes artistas seguían firmando con algún sello. Cuando vi la oportunidad de ser independiente decidí aprovecharla.

A estas alturas, ya había encontrado mi ritmo en TikTok. Había un reto de baile viral en su momento que me había llamado la atención. Un adolescente de Nueva Zelanda llamado Josh Nanai, conocido como Jawsh 685, había creado un ritmo buenísimo. Muy pronto, había cincuenta y cinco millones de videos únicos en TikTok que utilizaban el ritmo para mostrar el patrimonio de los usuarios y sus trajes nacionales tradicionales. Fue increíble, y supe que podría escribir una canción bien buena con ese ritmo.

Me puse en contacto con Josh y le dije: «Oye, me encanta tu tema. ¿Quieres colaborar en algo?». Le entusiasmó la idea de trabajar juntos, así que le dije que escribiría una canción con su ritmo que funcionara para la radio. Frank, mi mánager por aquel entonces, y yo seguimos en contacto con Josh, y le dijimos que cuando tuviéramos una canción, encontraríamos el contrato adecuado para él en un sello que estuviera encantado de contar con él, y que crearíamos un disco mágico para lanzarlo al mundo. Josh y yo hablamos mucho, y el nivel de emoción en nuestras conversaciones estaba por las nubes. Aunque no teníamos un acuerdo formal, nuestro entusiasmo de trabajar juntos era clarísimo, y yo tenía tantas ganas de empezar a trabajar en la canción que enseguida me puse manos a la obra.

Por alguna razón, «Savage Love» fue una de las canciones que más me costó escribir. Tuve que reescribir el gancho siete u ocho veces para que saliera bien. Pero quería que la canción fuera perfecta. Una vez que sentí que lo era, me maté para encontrar una buena oferta en la discográfica adecuada.

Llamé a Josh para darle la buena noticia, pero no respondía. Llamé y llamé, y al final obtuve una respuesta: «Habla con nuestros abogados». Resulta que Josh había llegado a un acuerdo con Columbia Records.

Decir que me sentía bajoneado sería quedarse corto. Estaba devastado. Me había obsesionado con esta canción en especial y creía que sería un éxito. Quería que Josh la oyera. Más que nada, quería que el mundo oyera lo que habíamos creado. Estaba orgulloso de la canción y odiaba la idea de tener que archivarla. Aunque no se convirtiera en un gran éxito, si la gente escuchaba la canción, al menos me haría sentir mejor saber que todo aquel trabajo no había sido en vano. Encima ahora la discográfica con la que había firmado la canción se estaba echando atrás debido al nuevo contrato de Josh con Columbia.

Le dije a mi mánager que quería sacar la canción yo mismo, pero me advirtió: «No puedes hacerlo. Ya tienen un acuerdo con

Columbia para el ritmo. Le agregarán un gran artista y nunca podrás competir sin una discográfica».

Además, me aseguró, Columbia simplemente retiraría mi canción. No podían demandarme porque ni siquiera intentaba ganar dinero con ella. No estaba vendiendo la canción. Pero podían obligarme a retirarla porque el ritmo era técnicamente de su propiedad.

Esto era un obstáculo dentro del obstáculo de no tener un sello propio. Siempre había confiado en mi mánager, pero esta vez mi instinto me decía que se equivocaba. Puede que Columbia tuviera un acuerdo para el ritmo, pero yo tenía algo que ellos no tenían: una canción exitosa, lista para salir. Decidí arriesgarme.

Enseguida «Savage Love» empezó a hacerse viral, y luego superviral. Como era de esperar, Columbia se volvió loca intentando retirarla, enviando cartas de cese y desistimiento, y todo lo demás. Pero en ese momento, «Savage Love» estaba en todas partes, no había forma de detener al monstruo, y yo no habría podido retirarla incluso si lo hubiera intentado (aunque, déjame ser sincero contigo: ni lo intenté).

En retrospectiva, no culpo a Josh de nada de esto. Él estaba empezando y quería conseguir el mejor contrato posible, y Columbia es uno de los sellos más importantes del mundo. Por lo que sé, no tenían ni idea de que yo ya estaba trabajando en una canción con el ritmo de Josh.

También recuerdo lo que era ser ese joven artista, intentando por todos los medios ganar dinero con mi música. Hasta que no empecé a tener éxito en este negocio, no me di cuenta de lo jodido que era que no me hubieran pagado por tanto trabajo que había hecho para otros artistas al principio. En aquel momento, estaba tan agradecido por las oportunidades. Pero los compositores a menudo reciben un trato injusto, y Josh no iba a permitir que eso le ocurriera a él. No le guardo rencor.

Sin embargo, tal y como un reloj, Columbia llamó y dijo que la discográfica quería hacer un trato conmigo por la canción. Adiós, obstáculo número uno. Pero en lugar de aceptar volando, dije: «Me da igual, estamos bien así», y mantuvimos a Columbia a la expectativa durante un par de semanas, pero insistieron, así que al final llegamos a un acuerdo por la canción cuando ya había explotado. Básicamente, la discográfica la tenía preparada. Por supuesto, cuando Columbia la lanzó oficialmente como «Savage Love (Laxed—Siren Beat)» fue tremendo.

Unos meses más tarde, sacamos una nueva versión de la canción con BTS, y después de eso, la canción llegó directo al número uno de las listas *Billboard*. Hasta la fecha, la colaboración con BTS tiene más de cien millones de reproducciones. La versión original que yo canté y escribí tiene más de mil millones.

No solo fue increíble tener otro número uno en mi haber, sino que me convertí en uno de los pocos solistas con números uno en tres décadas: 2000, 2010 y 2020. De repente, todas las discográficas querían firmar conmigo. ¡Adiós, obstáculo número dos! Después de todos esos «no», de pronto nos encontramos en medio de una guerra de ofertas masiva. Pero sorprendí a todos cuando no acepté ni un solo contrato.

No me sentó bien que estas discográficas de repente me quisieran cuando no habían creído en mí apenas unos meses antes. No necesitaba una discográfica que solo está en las buenas y que intentaba unirse a la fiesta ahora que tenía una nueva canción exitosa y mi carrera estaba explotando más que nunca. La experiencia con «Savage Love» me demostró que en realidad no necesitaba ninguna discográfica. Si iba a firmar, sería con una discográfica que creyera plenamente en mí y en mi visión creativa, que me apoyara y que invirtiera tanta energía, tiempo y consideración en mi carrera como lo hacía yo.

Decidí esperar mi momento y seguir sacando más canciones por mi cuenta. Una de ellas, «Take You Dancing», se convirtió en platino, lo que fue un gran logro para un artista independiente. Ese año, me coloqué entre los diez primeros artistas de *streaming*, lo cual era aún más importante para un artista independiente. Estoy muy contento de haber aprovechado esas oportunidades disfrazadas de obstáculos y de no haber permitido que me detuvieran.

Unos meses más tarde, acabé firmando con Atlantic Records porque me pareció que encajaba conmigo en el momento adecuado. Es un sello fantástico y enorme, pero no tiene ningún otro artista como yo en su lista. Yo sabía que se producirían muchas colaboraciones interesantes porque tengo un abanico más amplio que otras estrellas del pop de la discográfica. Lo mejor y más importante de todo es que mi acuerdo con Atlantic es una asociación al cincuenta por ciento, y soy dueño de mis propios másters, lo que significa que los derechos de autor de mis grabaciones me pertenecen. Puedo seguir siendo independiente en lo que realmente importa.

« »

A veces, cuando te enfrentas a un obstáculo, lo único que puedes hacer es presentarte. He actuado con un collarín, un cabestrillo en el brazo y una escayola. Incluso he actuado con muletas. La mitad de la batalla consiste en llegar. Pero, al fin y al cabo, no puedes defraudar a tu público. Nunca olvido que la gente ahorra su dinero ganado con esfuerzo para comprar una entrada porque quieren verme actuar. Me siento más que honrado. Ese público y yo tenemos un vínculo innegable. Siempre me presento por ellos.

También me presento por mí. Cuando las cosas se ponen difíciles, pienso en la época en que era un niño con un sueño, llevaba auriculares que solo funcionaban de un lado, cantaba y bailaba camino a la parada del autobús como si toda la calle fuera mi escenario. Ese niño habría hecho cualquier cosa por estar en mi lugar ahora mismo, ¡cualquier cosa! Yo tampoco quiero defraudarlo nunca.

Por eso trato la mayoría de los esfuerzos de mi vida como una batalla: desde las sesiones de gimnasia a primera hora de la mañana, cuando no tengo ganas de hacer ejercicio, hasta los ensayos de ocho horas, cuando no tengo ganas de bailar; desde mi trato comercial, cuando no tengo ganas de hablar, hasta la publicación regular de contenidos, cuando mi vida me parece demasiado caótica para siquiera pensar.

En esos momentos, me centro simplemente en presentarme. ¿Me he levantado a tiempo? ¿He hecho suficiente ejercicio? ¿Estuve atento durante el ensayo? ¿He grabado tres tipos de contenido hoy? ¿He comido bien? Entonces eso es suficiente.

Créeme: hay muchas mañanas en las que tengo que levantarme temprano tras haber dormido solo un par de horas, y lo que más deseo es quedarme en la cama. En esos momentos, practico separar mi mente de mi cuerpo. La gente te dirá que tu mente y tu cuerpo son uno, pero esto nos lleva a permitir que nuestro cuerpo tome decisiones por nosotros, ¡y todos sabemos que no siempre toma las mejores decisiones! *Ay, el cuerpo está cansado. El cuerpo no tiene ganas de hacer ejercicio ni de comer sano. Listo, entonces abandonemos el plan y volvamos a intentarlo mañana.*

De ninguna manera. Mi cuerpo trabaja para mi mente. Pase lo que pase, mi mente es la jefa y mi cuerpo tiene que hacer lo que ella diga.

Si te sirve de ayuda, trátalo como un juego. Imagina que tu mente es la IA de un videojuego, y tu cuerpo es solo la piel que te han dado para jugar. Si tu mente sabe lo que tienes que hacer para pasar al siguiente nivel, puede darle instrucciones a tu cuerpo. Una vez que tienes ese tipo de poder sobre ti mismo es cuando empiezas a vivir una vida que puedes controlar por completo.

Establece parámetros orientados al objetivo final. Cíñete a ellos de todo corazón. Si realmente no quiero hacer ejercicio, hago ejercicio. Si realmente no quiero publicar contenido, publico contenido. Si realmente no quiero trabajar en otra habilidad, aprendo otra habilidad. Gana el día, ¡cada puta vez!

Así es como te entrenas para convertirte en la bestia que estás destinado a ser. Ve lo que se siente al ganar, y acostúmbrate. No te tomes las cosas pequeñas a la ligera, porque esa mierda no es ligera. Cada día cuenta, y es tu mentalidad la que tiene que cambiar primero, por encima de todo lo demás.

Al menos preséntate, y una vez que llegues a ese punto, podrás resolver el resto. Suele ir mucho mejor de lo que imaginabas. Y una vez que te acostumbras a presentarte, se convierte en algo natural. Es esa constancia y ese cambio de mentalidad lo que te hará trabajar más en tu oficio y te obligará a ser una mejor versión de ti mismo. Tienes que estar dispuesto a hacer el trabajo que nadie más haría. Así es cómo empezarás a diferenciarte.

> **Tienes que estar dispuesto a hacer el trabajo que nadie más haría. Así es cómo empezarás a diferenciarte.**

El hecho de que hayas obtenido este libro me demuestra lo mucho que lo deseas. Estoy aquí para contarte mi historia, mis sueños y mis fracasos para que puedas conseguir el éxito que realmente mereces. Y, coño, quizá pueda ayudarte a que, en tu camino, cometas menos errores de los que yo cometí.

Gracias a todos los obstáculos a los que me he enfrentado, he pasado por una recalibración completa de mi carrera, y eso me ha llevado a tener más éxito que nunca. De hecho, me atrevería a decir que si no hubiera sido por mi lesión cervical, mis luchas con Warner y los problemas relacionados con «Savage Love», probablemente no habría alcanzado los niveles de éxito de los que disfruto a pleno en la actualidad.

Aunque te resulte difícil ver tus dificultades desde un punto de vista positivo, si sigues enfocándote en ti y en hacer lo mejor posible en lo que sea que hagas, no me cabe la menor duda de que descubrirás una o dos oportunidades en el camino. Lo más probable es que sean las que nunca habrías encontrado de otro modo.

7

DECIDE QUÉ ES IMPORTANTE PARA TI.

« »

LUEGO CONÉCTALO CON LA FORMA EN QUE USAS TU TIEMPO.

Tu potencial es mayor de lo que crees que
eres capaz de hacer. Sigue adelante. Si fuera
fácil, todo el mundo lo haría.

—ZEDD

El objetivo de escribir este libro es ayudarte a que te conviertas en la mejor versión posible de ti mismo. Y la pura verdad es que no puedes convertirte en esa persona si tu cuerpo no está también en la mejor forma posible. Estar en buena forma física no consiste solo en verse bien —aunque, no voy a mentir, tener buen aspecto nunca le hace daño a nadie—. Pero lo más importante es que, más allá de a qué te dediques o qué tipo de arte quieras hacer, tu cuerpo es tu principal instrumento. No puedes crear tu mejor obra si estás cansado o te sientes mal contigo mismo.

Cuando te sientes mejor, eres mejor, y eso es exactamente lo que quiero ayudarte a conseguir. La realidad, sin embargo, es que nadie puede decidir lo que funciona mejor para ti, excepto tú. En el camino para encontrar lo que funciona mejor para mí, han existido muchas, muchas variaciones: desde llevar bolsas de basura para sudar más cuando salía a correr bajo el sol de Florida hasta probar dietas demasiado restrictivas y sacrificar demasiado el sueño, en serio, lo he probado todo.

Después de toda esta investigación y experimentación, lo más importante que me llevo no es un régimen específico que funcione, sino un profundo conocimiento de lo que quiero de mi cuerpo y mi mente. Todo fue un proceso para llegar a conocerme a mí mismo y saber cómo quería sentirme. Fue un viaje inestimable para mí, y también lo será para ti.

He hecho ejercicio desde que era niño, y si no hubiera desarrollado esos hábitos de tan joven, no me cabe duda de que ahora estaría fuera de forma y con sobrepeso. Eso es porque vengo de una familia a la que le encanta la comida. La comida es una parte muy importante de la cultura haitiana y, de niño, siempre celebrábamos alguna fiesta o el cumpleaños de alguien con... lo has adivinado: comida.

Era comida, comida, comida todo el tiempo. Para cada cumpleaños y fiesta familiar, cada una de mis tías cocinaba algún plato haitiano increíble, y la mayoría de ellos incluían mucho arroz y otros almidones. Me encantaba todo eso, y sigo siendo un apasionado de la comida, pero también supe desde muy joven que tenía que encontrar una forma de equilibrarlo todo.

Ojalá no fuera así, pero la verdad es que no hay forma de equilibrar la mala alimentación con el ejercicio, ni siquiera con una cantidad excesiva de ejercicio. La triste verdad es que el ejercicio es solo el diez por ciento de la batalla cuando se trata de ponerse y mantenerse en forma. El otro noventa por ciento es lo que comes.

> Ojalá no fuera así, pero la verdad es que no hay forma de equilibrar la mala alimentación con el ejercicio, ni siquiera con una cantidad excesiva de ejercicio.

Para mantenerse en forma, la dieta es la base, y el ejercicio es como la cereza del pastel. Me ha llevado años experimentar con casi todos los planes de alimentación y ejercicio que puedas imaginar para ver qué me funciona y cómo encontrar un equilibrio. En lo personal, me siento mejor cuando tengo una talla y un peso específicos, pero es difícil mantenerlos. Si no me cuido, tiendo a fluctuar arriba y abajo. La mayoría de las veces, me cuido. Pero muchas, muchas otras veces, como todo el mundo, digo: «¡A la mierda!», y me descarrilo, por así decirlo. Es como un yoyó. Lo dejo ir y luego me digo: «Ya basta, es hora de volver a encarrilarme, coño», y luego me vuelvo a poner en forma.

El bienestar es el único ámbito de mi vida en el que no

aplico mi mentalidad de todo o nada. Quiero comer bien, tomar unos tragos y disfrutar de mi vida sin sentir que me estoy castigando todo el tiempo. Seguro que habrá momentos en los que tú también te descarriles, y no pasa nada. Pero asegúrate de no tardar mucho en volver a encarrilarte. Lo has hecho antes y puedes hacerlo de nuevo. Lo sé porque yo también lo he hecho.

En mi búsqueda para encontrar el equilibrio adecuado, he probado muchas cosas diferentes, desde planes basados en el sentido común hasta otros completamente extravagantes, y casi todo lo que hay en medio. Seguí una dieta vegana durante más o menos un año y medio en dos ocasiones distintas. Sigo creyendo que ser vegano es la opción más sana para la longevidad y la salud en general. Sin embargo, la primera vez que lo hice, noté que mi barriga empezó a crecer un poco y mis brazos empezaron a enflaquecerse. No me quedaba bien.

Volví a comer carne durante un tiempo y, después, decidí volver a intentar ser vegano, pero esta vez me centré más en asegurarme de ingerir suficientes proteínas. Esto me funcionó mejor, pero también estaba de gira por todo el mundo de forma constante, y me encontraba en muchos lugares que no tenían la comida que necesitaba. En muchos países, la única comida vegana que tienen es lechuga, así que acababa pasando hambre todo el tiempo, lo que era terrible para mi salud y para mi actuación sobre el escenario. Al final, cedí.

Sigo sin comer carne al menos un día a la semana. Toda mi familia lo hace como sacrificio a Dios. Muchas personas alrededor del mundo renuncian a la carne en determinadas épocas del año, pero nosotros lo hacemos todo el año como recordatorio constante.

Después de abandonar el veganismo —al que me encantaría volver, por cierto— me enfoqué en comer más proteínas para estar en la mejor forma posible. Durante un tiempo, empecé cada día con un batido de salmón hecho con salmón enlatado y salsa picante. Sí, has leído bien. Sé que suena asqueroso, y lo era, pero esos batidos me tonificaron muchísimo.

Tu cuerpo no tiene que trabajar tanto para descomponer la comida que ya está batida. Tus músculos solo absorben esa proteína. Lo mejor era que ni siquiera importaba qué más comía durante el día. Me mantenía delgado y musculoso siempre y cuando empezara el día con ese asqueroso batido.

Lo de no masticar es también la razón por la que el caldo de hueso es un salvavidas. He probado la dieta del caldo de hueso, en la que lo único que tomaba durante todo el día era caldo de hueso, y luego cenaba salmón y verduras. Esto también me funcionó muy bien, pero como con el veganismo, tenía que estar en casa para lograr mantener el ritmo de esa dieta.

Tardé un tiempo en encontrar una dieta que me mantuviera en plena forma y fuera propicia para mi estilo de vida. Durante los últimos años, he estado haciendo mi propia forma de ayuno intermitente. No existe un plan que se adapte a todo el mundo, pero a mí me funciona bien. A otras personas les funciona mejor hacer seis comidas pequeñas a lo largo del día. Tienes que encontrar lo que sea adecuado para ti. Todo es cuestión de calorías que entran y calorías que salen, así que experimenta para encontrar una forma sostenible de vivir sin el yoyó del aumento y la pérdida de peso cada mes.

Tal como está, me parece que si básicamente ayuno a lo largo del día, puedo comer una cena increíble sin tener que ser súper estricto con lo que ingiero en esa única comida. Me recuerda un poco a cuando comía gratis una vez al día en Warner. Quizá fue entonces cuando entrené a mi cuerpo para prosperar de esa manera.

Para mí, la cena es sagrada. Suele ser el momento en que puedes compartir el pan con las personas que te importan y relajarte tras un largo día. Si tienes que limitarte a una pechuga de pollo asada y tres espárragos, le quitas todo el sentido y la diversión a una buena comida con amigos o familiares. También me gusta tomar un trago o dos con la cena. Así que, si hago eso y como una comida copiosa por la noche, no puedo estar picando todo el día también.

En la cena, por lo general me permito comer lo que me apetezca, mientras vaya acompañado de proteínas. Sigo intentando comer cosas que sean más bien sanas, pero no soy estricto al respecto. Lo más importante es maximizar mi ingesta de proteínas para no perder músculo.

Durante el día, tomo algún jugo o batido. Café, de seguro. Me encanta el té de jengibre con limón, que es estupendo para la digestión y ayuda mucho a frenar el hambre. Es uno de mis mejores trucos. Por lo demás, el chicle también ayuda. El agua de frutas Treo también ayuda. Me gusta tanto Treo que me he convertido en inversor de la empresa. Me gusta tomarme uno antes de cenar porque controla mi hambre y a veces también uno después, cuando sé que no debería comer postre pero me apetece mucho. Tengo mis momentos de hambre. Pero me recuerdo a mí mismo que no hay comida que sepa tan bien como la sensación de tener abdominales bien marcados.

No necesitas suscribirte a ningún plan dietético, siempre y

cuando le des buenos ingredientes a tu cuerpo. El mejor consejo dietético que alguien puede dar es empezar por las verduras de hoja verde y las proteínas que creó Dios. Son los mejores alimentos para nuestro cuerpo, y punto.

> No necesitas suscribirte a ningún plan dietético, siempre y cuando le des buenos ingredientes a tu cuerpo.

Nuestro cuerpo trabaja duro para nosotros, lo sometemos a noches de insomnio, a salidas nocturnas donde corren los tragos y a momentos de estrés. Le debemos a nuestro cuerpo el combustible que necesita. Podemos tener un día óptimo en el que nos sintamos de lo mejor y lo demos todo, o podemos sentirnos flojos y hacer todo por inercia. Mucho de esto depende de cómo tratemos a nuestro cuerpo.

Si un alimento ha sido fabricado por humanos en un laboratorio, es probable que no sea lo que tu cuerpo necesita. Por supuesto, a veces puedes comer estas cosas. Claro que yo lo hago. ¿Has visto mis Milli Meals en TikTok? Pero si quieres sentirte y tener el mejor aspecto posible, no puedes comer esas cosas todo el tiempo. El truco está en encontrar un equilibrio que te funcione y puedas mantener. La continuidad es lo que nos da resultados, no probar un plan extremo y enseguida abandonarlo.

Lo mismo ocurre con el entrenamiento: la clave es la constancia. No llegarás muy lejos si haces ejercicio una semana, te agotas y vuelves al sofá. Aunque hacer ejercicio sea solo la cereza del pastel en lo que respecta a tu forma física, sigue siendo importante hacer ejercicio para tener energía y bienestar general. Además, ¿quién no quiere la cereza del pastel?

Nunca sé cuándo alguien del público me va a pedir que me quite la camiseta. Tengo que estar preparado en todo momento. Pero aún más importante, es mucho más difícil actuar en el escenario cuando no estoy en mi mejor forma. Puedo hacer un espectáculo tranquilo porque estoy en forma, o puedo pasarlo mal porque no me siento en las mejores condiciones.

Tengo mejores espectáculos cuando estoy en mi mejor forma física, porque no hay nada que no pueda hacer en el escenario. Cuando no estoy tan en forma, tengo que limitar mis espectáculos a lo que puedo hacer a nivel físico sin dejar de cantar. Básicamente, si estoy fatigado, tengo que rascarme el bolsillo. Eso da lugar a un espectáculo muy diferente de uno en el que soy imparable, y siempre quiero darle a mi público la mejor experiencia posible.

Siempre me ha gustado hacer ejercicio, pero no fue hasta después de mi lesión de cuello que empecé a tomármelo en serio. En ese momento, se me convirtió en una obsesión. Durante los siete meses que estuve con el collarín, apenas podía moverme, y eso me volvía loco. En cuanto tuve la oportunidad, empecé a ir a tope, a toda velocidad, a lo loco.

Antes del accidente, pesaba unos ochenta kilos, y cuando me quitaron el collarín, bajé a sesenta y tres. En ese momento, empecé a enfocarme en ganar músculo y mantenerme delgado. Cuando volví a actuar a finales de 2012, me llevé la serie de ejercicios Insanity. El entrenamiento Insanity es básicamente una combinación de ejercicios con el peso del cuerpo y entrenamiento a intervalos de alta intensidad (HIIT). Hacía trescientas flexiones cada día. Hacía Insanity antes del espectáculo, luego treinta minutos de abdominales, luego el propio espectáculo y luego más flexiones. En poco tiempo, pasé de sentirme como si me estuviera consumiendo en el collarín a estar en la mejor forma de mi vida.

Diez años más tarde, sigo buscando maneras de superarme. La edad que tengo ahora es la misma que tenía Michael Jackson cuando lanzó el álbum *Bad*. No estoy ni siquiera cerca de considerar la idea de que ya estoy pasado de años. Esto todavía debe ser mi apogeo, y trabajo duro para asegurarme de que así sea.

Siempre hago ejercicio. Siempre. Cinco veces a la semana como mínimo. Esto es mantenimiento para mí, y siento que tengo un aspecto bastante normal cuando lo mantengo a este nivel. Mi cuerpo no llega a un punto extraordinario a menos que haga dos entrenamientos al día como mínimo: uno de cardio y otro de levantamiento de peso.

De nuevo, ese soy yo. No compites contra nadie más que contra ti mismo. Si estás empezando de cero, ponte en marcha haciendo un poco cada día, y luego súmale más a partir de ahí. Intenta superarte a ti mismo. Si hay un deporte que te gusta, practícalo. Si hay una actividad que te gusta, hazla más seguido. Hacer ejercicio tres veces a la semana es estupendo para tu salud y te proporcionará un estilo de vida decente. Si quieres algo más, tienes que estar dispuesto a esforzarte más y comprometerte a hacer ejercicio al menos cinco o seis veces por semana.

Ten en cuenta que dedicarle tiempo a la recuperación es tan importante como hacer ejercicio. El sueño, en particular, es fundamental. Te configura el día y es una parte primordial de tu salud y bienestar. Cuando tu cuerpo tiene tiempo para recuperarse de forma adecuada, puedes ver y sentir la diferencia. No se consiguen esos logros en el gimnasio. Tienes que ejercitar los músculos y dejar que se recuperen para que vuelvan más fuertes.

> La vida consiste en decidir qué es lo más importante para ti y conectarlo con la forma en que vas a emplear tu tiempo.

Cuando duermo de verdad, siempre acabo viéndome más delgado y sintiéndome mejor. También paso mucho tiempo en el baño turco y en la sauna y, cuando puedo, intento hacerme masajes. No me estiro tanto como debería, pero mi intención es mejorar en este aspecto a medida que acumulo más años.

Al fin y al cabo, ponerse en forma es como cualquier otra cosa que quieras en la vida: requiere trabajo. Claro que hay algunos anómalos que simplemente nacen diferentes, pero la mayoría de la gente no consigue un gran cuerpo o abdominales marcados por accidente, como tampoco alcanzan niveles abrumadores de éxito por accidente. Lo hacen fijándose un objetivo, trabajando como burro, tropezando, cayéndose, levantándose y trabajando un poco más.

La vida consiste en decidir qué es lo más importante para ti y conectar eso con la forma en que vas a emplear tu tiempo. Parece sencillo porque lo es. En realidad, no importa con qué hayas nacido o en qué forma estés ahora. Si decides que quieres mejorar en cualquier área y estás dispuesto a trabajar en ello, literalmente no hay nada que pueda impedirte conseguir el cuerpo, la carrera o la vida de tus sueños.

8

LOS QUE PUEDEN, LO HACEN.

« »

LOS QUE NO PUEDEN, SE CONVIERTEN EN CRÍTICOS.

No importa lo que vayas a crear, tu éxito siempre tendrá que ver con mucho más que esa creación en sí. También depende del significado detrás de tu obra, cómo conecta tu público con ella y si desarrollan o no una conexión auténtica contigo como artista, creador y persona.

Cuando empecé a triunfar en la industria de la música, todas las personas poderosas con las que me crucé me inculcaron que el éxito era mucho más que hacer música, incluso buena música, y esto sigue siendo cierto hoy en día. Para que un artista triunfe de verdad, todo tiene que encajar a la perfección: la canción adecuada en el momento oportuno, cantada por el artista adecuado con la voz adecuada, que sepa conectar con las masas de la forma adecuada.

Esa es la trifecta: canción, voz y conexión. Y no me refiero solo a conectar con la gente a través de las propias canciones, aunque por supuesto eso es importante. Me refiero a conectar con los fans en el aspecto humano, de modo que con el tiempo desarrollen un interés profundo por ti más allá del que tienen por alguien que canta unas canciones geniales.

Lo mismo ocurre con las redes sociales y todos los demás oficios. Dos personas con plataformas similares pueden lanzar la misma canción o publicaciones idénticas en las redes sociales, y cada una tendrá un éxito distinto. Lo más probable es que una tenga mucho más éxito que la otra. ¿Cuál es el eslabón perdido entre ambas? Es la conexión del público con la persona que hay detrás del arte y la impresión que se llevan de ella. Esto importa más de lo que algunos artistas, incluido yo al principio de mi carrera, quieren creer o admitir.

A pesar de saber todo esto, antes de que saliera mi primer álbum, me enfoqué al cien por ciento en mi música y mi voz. Si te soy sincero, me concentraba en esas dos cosas más bien cinco millones de veces más. Aparte de pedirle prestada la ropa a mi hermano, no pensaba mucho en mi imagen pública, como lo que llevaba puesto, mi aspecto o cómo me presentaba al mundo. No tenía tiempo para preocuparme de todo eso porque estaba demasiado ocupado dándole duro al trabajo.

Aún era un niño. A los diecinueve años, estaba saliendo a la escena y tenía tantas ganas de que el mundo escuchara mi música y descubriera todo lo que tenía que ofrecer. Era una página en blanco, completamente impresionable y abierto a cualquier cosa que pudiera mantener mi carrera en la dirección correcta.

Esto significaba que cuando los «expertos» intervenían para

aconsejarme qué ropa debía ponerme y cómo debía actuar para conectar con los fans y los oyentes, yo era todo oídos. Pero no tardé mucho en darme cuenta de que, en este departamento, el ciego guiaba al ciego. Warner Records era principalmente una discográfica de rock. Sabían cómo ayudar a crear una imagen pública para los músicos de rock, pero no para un artista pop como yo.

Mientras tanto, Joey, Henry y Harry seguían siendo mi equipo principal. Puede que Joey tuviera ropa bonita, pero los expertos sabían de moda e imagen exactamente tanto como yo: nada. Intentamos improvisar por nuestra cuenta como habíamos hecho en Miami, pero esta vez el margen de error era mucho menor. Así que cuando los supuestos expertos intervinieron con sus propias ideas, me incliné a escuchar.

La realidad es que mucha gente tiene trabajos construidos en torno al éxito de un artista, y es habitual que intenten sembrar la duda para justificar sus trabajos. Esto puede sonar duro, pero es la verdad. La industria del entretenimiento pone un gran énfasis en los nominados y ganadores de cada año, pero ¿por qué debemos dejar que este establecimiento defina el éxito? No necesitamos que un panel invisible de jueces nos diga qué música es la mejor cuando los números no mienten.

Entonces, ¿por qué existen esos premios? Porque... dinero. Si un establecimiento puede convencer a un artista de que su éxito depende de ellos, entonces puede desviar parte de ese éxito. Lo mismo ocurre con las discográficas, los asesores de imagen, los publicistas, los ejecutivos y más.

No estoy menospreciando por completo la industria. He trabajado con mucha gente con talento. Pero también he aprendido que el hecho de que alguien tenga un determinado cargo o una opinión no es razón para confiar automáticamente en esa persona. Sin duda, los «expertos» me han quemado alguna que otra vez. Y, sobre todo cuando estaba empezando, me di cuenta de que su influencia indebida explotaba más mis inseguridades que mis lagunas de conocimiento.

A los diecinueve años no tenía ni idea de cómo presentarme de forma auténtica o siquiera de cómo presentarme. Hacer música siempre fue la parte fácil para mí. Trabajé duro en ello, claro, pero siempre me he sentido cómodo en mi propia piel como músico. Exponerme como persona no me resultaba tan natural.

La verdad es que lo único que siempre quise fue bajar la cabeza y hacer música, ¡y ese camino me ha llevado a algunas canciones realmente exitosas! Sin embargo, me costó mucho hacerme a la idea en lo que respecta a mi imagen. Al principio, me resultaba muy difícil dar entrevistas y hablar en público. Nunca había tenido que hacer algo así y me cuestionaba todo el tiempo. Cada vez que hablaba o me movía, me preguntaba: «¿Cómo camina una persona exitosa? ¿Cómo habla una persona exitosa? ¿Cómo hace una entrevista una persona exitosa?».

Sin duda habría sido mejor para mí vivir el momento y disfrutar del emocionante viaje en el que me encontraba. Si pudiera retroceder en el tiempo y hablar con el Jason Derulo de diecinueve años, lo primero que le diría es: «¡Solo sé tú mismo, pana!». Pero aún no sabía cómo hacer eso, ni siquiera sabía bien quién era yo.

Hasta entonces había pasado toda mi vida como estudiante. Había estudiado todo tipo de música, teoría, todas las formas de danza, canto, interpretación, ópera, Shakespeare, lo que se te ocurra. Así que ese primer año, hice lo que sabía hacer: estudié.

Esta vez estudié a personas exitosas y las usé como modelos. Ojo, no estoy hablando de nuevos artistas que intentaban alcanzar el éxito, como era mi caso. Me fijaba en la gente que ya había logrado mantener sus carreras en marcha. Ahí es adonde me veía yendo, así que ahí fijé mi camino.

> Esta vez estudié a personas exitosas y las usé como modelos.

Sé que parece una locura, pero lo primero que aprendí observando a otros artistas y escuchando a la gente que me rodeaba fue que yo tenía que ser «raro», palabra mía, no suya. Puede que sea una persona normal, pero muchos otros artistas exitosos no lo son. Después de verlos subir al escenario e interactuar con los medios de comunicación y sus fans, y de conocer a muchos de ellos fuera del escenario, me di cuenta de que ser artista significaba ser misterioso. Desde su forma de hablar hasta su forma de vestir e incluso su forma de moverse, eran excéntricos, cosa que yo no era. Pero no podía negar el hecho de que ser un poco raros los ayudaba a sobresalir.

Yo perseguía el éxito por todos los medios posibles. Cualquier cosa que tuviera que hacer, estaba dispuesto a hacerla. Así que observé a estos artistas y pensé: «Bueno, supongo que yo también tengo que ser un poco raro».

Siempre que hacía entrevistas o hablaba en público, encendía mi nuevo personaje: Jason Derulo, el artista. Ese tipo hablaba en voz baja, tenía pensamientos profundos y era muy, muy serio. Combiné esta nueva personalidad con un sentido de la moda igualmente cuestionable. Aparte de los picos y la malla de la gira de Gaga, ¿qué onda con el pelo corto y la barba que intentaba llevar cuando salió mi primer disco?

Era un look totalmente nuevo para mí. En realidad, en la portada original del sencillo «Whatcha Say» todavía llevaba las trenzas largas. Había sido mi look durante tanto tiempo y pensaba que me quedaba bien. Pero cuando la canción empezó a sonar, decidí cortarme el pelo. Un corte limpio para empezar de nuevo, o eso creía.

En serio, por favor, ve a ver el video de «Whatcha Say». No, no lo hago para conseguir más reproducciones, sino para demostrar lo que quiero decir. Ese vello facial, por Dios. Lo peor es que yo pensaba que me veía tremendamente *cool*. Recuerdo que me miré al espejo después de hacerme la barba cortina y pensé: «Esto enmarca mi cara perfectamente». Me gustó tanto que volvimos a hacer la portada de «Whatcha Say» para mostrar mi nuevo look.

Mirándolo ahora, parece como si me hubiera presentado a una prueba para el papel de artista y me hubiera puesto el atuendo que llevaba como una especie de experimento. Bueno, eso parece, ¡porque eso es exactamente lo que estaba haciendo! Me hacía pasar por un artista misterioso, pero no tenía ni idea de lo fácil que era ver a través de ese personaje. Algunos críticos incluso se burlaron de la chaqueta con pinchos que llevaba en el video de «Ridin' Solo» y dijeron lo poco original que era. (Nota para mí: ¡no más pinchos!).

La verdad es que nadie se lo creía. En los diez años que siguieron al lanzamiento de «Whatcha Say», saqué muchas canciones exitosas, ¡muchas! Sí, me había asegurado de que conocieran mi nombre, pero seguían sin conocerme de verdad.

Millones y millones de personas alrededor del mundo escuchaban mis canciones, las cantaban, las bailaban en las discotecas, incluso veían mis videos musicales... y durante todo ese tiempo, es muy probable que no hubieran sido capaces de elegirme en una rueda de identificación. No sabes cuántas veces me presenté a una entrevista en una emisora de radio y el entrevistador me dijo: «Oh, tienes un aspecto totalmente distinto del que yo me imaginaba» o «¡Pensaba que eras blanco!».

Llevaba casi una década componiendo canciones de éxito y promocionándolas sin parar. Fui a todos los programas nocturnos, actuaba en la televisión todo el tiempo y en estadios agotados alrededor del mundo. Y estos tontos estaban aquí tocando mis canciones para sus oyentes sin tener ni idea de quién coño era yo.

Mucha gente estaba comprando mis canciones, pero no estaban comprando a Jason Derulo, el artista o la marca. Aunque no sabía exactamente el motivo de esta desconexión, había empezado a desconfiar de los expertos que intentaban decirme qué ponerme, cómo actuar y quién ser.

Lo único que no quería hacer era exponer todo mi drama personal para llenar las páginas de revistas aleatorias o dar a todos los programas de chismes del planeta algo jugoso de que hablar. Hubo muchas ocasiones en las que me animaron a soltar alguna cosita para crear algunos chismes y poner mi nombre en boca de todos. Sabía que eso era lo que hacían muchas estrellas para darse a conocer a lo grande, pero a mí no me interesaba nada de eso. Una vez más, decidí tomar el camino menos transitado.

Esto me lleva a la lección de este capítulo: ignora a los expertos. Y no me refiero solo a la gente desatinada de la industria que te da notas sin cesar sobre cómo cambiar (aunque, por favor, tampoco escuches a esa gente). Los «expertos» de tu vida incluyen a cualquiera que intente moldearte e influirte, tanto si merecen esa influencia como si no. Piénsalo. ¿Esa persona ha hecho lo que tú intentas hacer? Si no es así, entonces en realidad no sabe cómo hacerlo, ¿verdad? Los que pueden, lo hacen; los que no, se convierten en críticos.

> Piénsalo. ¿Esa persona ha hecho lo que tú intentas hacer? Si no es así, entonces en realidad no sabe cómo hacerlo, ¿verdad?

Para mí, el verdadero punto de inflexión llegó cuando llevaba mucho tiempo en mi carrera, alrededor de la época de «Talk Dirty». Sí, ya había rebajado el tono de artista misterioso y me había deshecho de la barba cortina y los pinchos. Pero la imagen pública falsa no desapareció del todo hasta después de que me rompí el cuello. Después de aquella experiencia traumática, supe que si quería seguir haciendo esto, tendría que hacerlo a mi manera. En cuanto a la música, siempre había hecho las cosas a mi manera, pero en lo que se refiere a la imagen, había llegado el momento de tomar las riendas y ser yo mismo.

Me liberé y empecé a ponerme cosas que realmente me gustaban y con las que me sentía cómodo, en lugar de lo que todo el mundo a mi alrededor pensaba que «debía» ponerse un artista. Una vez que lo hice, me aficioné a la moda y pude divertirme. Las cadenas falsas fueron reemplazadas por unas verdaderas y empezó a surgir una versión más segura, auténtica y sexy de mí.

> El único experto real en Jason Derulo soy yo. Del mismo modo, nadie sabe lo que quiere tu público mejor que tú. Nadie te conoce mejor que tú.

Atribuyo este cambio a varias cosas: sí, había dejado de escuchar malos consejos, pero también había madurado. Después de lanzar una carrera muy pública a una edad muy temprana, el mundo me vio pasar de ser un niño hambriento e ingenuo a un hombre seguro de sí mismo y exitoso. Aprendí quién era de verdad. Y esto hizo que me sintiera más cómodo dejando que los demás vieran mi verdadero yo.

No es casualidad que empezara a ser mi yo más auténtico durante una época en la que estaba totalmente enfocado en la música y el trabajo. Ese era el barco que debía dirigir, y no necesitaba el vello facial experimental ni una voz de artista suave y sensual para hacerlo. Cualquiera que tuviera mis intereses en mente me habría empujado a ser esa persona auténtica: el músico e intérprete que era y que siempre había sido.

¿Qué he aprendido de todo esto? El único experto real en

Jason Derulo soy yo. Del mismo modo, nadie sabe lo que quiere tu público mejor que tú. Nadie te conoce mejor que tú.

No hay nada malo en recibir lecciones de la gente a la que admiras, en la que confías y a la que respetas. Pero tu instinto es siempre el verdadero experto cuando se trata de ser tú mismo. Para tener éxito y sobresalir en un mundo abarrotado, confía más en ti mismo que en lo que te digan los demás.

9

RESPETA LA COLMENA.

« »

TUS COPILOTOS SON TAN IMPORTANTES COMO EL DESTINO.

No intento ser creíble, intento ser *increíble*.

—DAVID GUETTA

Estaba en la escuela intermedia cuando todas las *boy bands* (bandas juveniles de varones) estaban en pleno furor. Grupos como NSYNC, Backstreet Boys y 98 Degrees dominaban las listas de éxitos en Estados Unidos, y en todo el mundo había grupos aún más grandes, como 5ive y Westlife. Por supuesto, los Jackson 5, una de mis mayores influencias, eran como el padre de todas las *boy bands*. No tardé mucho en preguntarme si una *boy band* podría ser lo que necesitaba para triunfar como artista.

Después de mí, los mejores cantantes de mi escuela eran dos chicos llamados DeAndre y Xavier, el mismo tipo con el que escribí «Ridin' Solo» años más tarde. Los convencí para que formaran un grupo de R&B conmigo. Nos llamamos JDX (Jason, DeAndre y Xavier). No era el nombre más creativo del mundo, pero funcionaba. Había ideado un plan para que los tres ensayáramos juntos todos los días después de clase y empezáramos a presentarnos a tantos concursos de talentos como pudiéramos. Pensé que si nos esforzábamos lo suficiente, tendríamos posibilidades reales de triunfar. ¿Quién sabe? Quizá lo hubiéramos hecho, pero nunca tuvimos la oportunidad de averiguarlo.

Antes de subir al escenario en nuestro primer concurso como grupo, me quedé parado entre bastidores con Xavier. «¿Dónde coño está?», pregunté, dando vueltas como un loco. DeAndre no aparecía por ninguna parte, y se suponía que éramos el siguiente grupo en actuar. Para colmo, entre DeAndre y Xavier, DeAndre era con mucho el mejor cantante de los dos. Aunque Xavier era un amigo más cercano, no es el amigo con el que yo habría elegido quedarme. LOL.

Ya estaba frustrado con Xavier y DeAndre. Desde que empezamos el grupo, tenía que perseguirlos todo el tiempo para que ensayaran, porque a menudo llegaban tarde o estaban «demasiado ocupados» haciendo otra cosa. Era como si yo tuviera que convencerlos de que lo hicieran bien. Simplemente no querían ser escuchados tanto como yo, y me estaba hartando de arrastrarlos conmigo.

DeAndre nunca se presentó al concurso, y yo me quedé clavado con Xavier intentando que funcionara. Fue la primera vez que no gané uno de esos concursos y, no por casualidad, fue la última vez que me uní a un grupo de cualquier tipo. Desde entonces he estado «Ridin' Solo», viajando solo, y nunca he mirado atrás. Es irónico que Xavier luego se convirtiera en uno de mis mejores amigos y acabara en la sala cuando estaba escribiendo esa misma canción.

Hacía años que sabía que no era igual que los demás niños, pero esta fue la primera vez que comprendí a profundidad lo fundamentalmente diferente que era de casi todos los que me rodeaban. No estoy enojado con esos muchachos. Espero que hoy tengan una vida estupenda. Pero cuando se trataba de nuestra ética de trabajo, no estábamos de acuerdo. Me alegro de que nos disolviéramos tan pronto, porque nuestro grupo nunca habría funcionado. Por mucho que lo intentes, no puedes obligar a nadie a ser genial si no lo sienten de corazón.

El hecho es que hay tan poca gente dispuesta a trabajar duro todo el día, todos los días, como hago yo. No es ninguna sorpresa que muchas de las personas de este minúsculo grupo acaben siendo muy exitosas. Tampoco es una coincidencia que la inmensa mayoría de ellos lo hagan solos. O empiezan solos o acaban haciéndolo solos tras separarse de un grupo. La razón es que en una situación de grupo es habitual que haya una persona con una determinación enloquecedora que arrastra a todos los demás con ella. Es normal que la persona que arrastra a todos empiece a sentir algo de resentimiento.

No tengo tiempo para ninguno de esos dramas. Desde que JDX se disolvió, he sabido que tenía que hacerlo yo solo. Por «hacerlo», me refiero a ser el que tiene la visión, el que se esfuerza y el que dedica las incontables horas de trabajo que hacen falta para llegar a ser el mejor y seguir siéndolo.

Pero seré sincero contigo. No es para los timoratos. Y no me refiero solo a la música, sino a todo lo que hago, desde las empresas en las que invierto hasta las canciones que lanzo, pasando por mis publicaciones en las redes sociales y cualquier otro proyecto al que le hinco el diente. La razón es sencilla. Prefiero hundirme con un barco en el que creo de verdad que con un barco que sé que podría haber construido, dirigido y capitaneado mejor por mi cuenta.

Sé lo que me gusta y lo que no, y eso suele coincidir con los gustos del público. En general, soy fan de las cosas que le gustan a casi todo el mundo: las canciones pop, las películas de superhéroes y McDonald's. Como he dicho antes, soy un papito que sigue la corriente hasta la médula. Aquí es donde ser un tipo normal ha sido una ventaja para mí. Mis gustos suelen coincidir con los del público mayoritario. Así que sé que cuando me aferro a las riendas y hago de un proyecto mi bebé, lo más probable es que tenga un amplio atractivo.

No todo el mundo tiene la visión o el impulso o incluso el deseo de ser el que tiene el control. Algunas personas tienen una personalidad más deferente, pero yo no soy así. Si eres una abeja obrera, que no te avergüence. Sal y sé la mejor abeja obrera que el mundo haya visto jamás. Pero si decides aferrarte a las riendas, sujétalas fuerte. Y si decides entregarlas, hazlo por completo. No puedes quedarte a medias a la hora de hacer realidad tu visión creativa. Nadie puede.

>> No puedes quedarte a medias
a la hora de hacer realidad tu
visión creativa.

Si tienes una visión y quieres llevarla a cabo, entonces tienes que ser un maniático del control como yo. Si renuncias al control, lo más probable es que tengas que hacer concesiones y pasar demasiado tiempo arrastrando a otras personas contigo. Sin duda, el producto final sufrirá las consecuencias.

Dicho esto, hacerlo yo solo, incluso como maniático del control, no significa que lo haga todo yo solo. Me refiero a mantener el control creativo para asegurarme de que el proyecto se mantiene fiel a mi visión. Pero parte de ser un maniático del control significa encontrar a las personas adecuadas, las abejas obreras que necesitas para llenar tu colmena. No puedes tener éxito sin personas de confianza a tu alrededor que pongan su corazón, su tiempo y su energía en desempeñar su papel único para ayudarte a ejecutar tu visión.

Por suerte, yo nací en la colmena. Mi hermano y mis primos que trabajan conmigo dejaron todo en sus propias vidas para ayudarme a hacer realidad mis sueños, y nunca han sentido la menor envidia ni resentimiento por mi éxito, porque saben que también es su éxito. Cada uno tiene su propio papel, y todos respetamos el trabajo y las contribuciones únicas de los demás. A lo largo de mi carrera, todas las personas que han trabajado más estrechamente conmigo han sido parte de mi familia o han llevado tanto tiempo en mi vida que parecían de mi familia.

Un ejemplo: Frank.

Después de la escuela intermedia, fui a Dillard High School en Fort Lauderdale. Era una escuela especializada de tecnología informática emergente y artes escénicas, y también era una potencia regional del baloncesto. Una combinación extraña, lo sé. Aunque deportes como el baloncesto nunca me resultaron tan naturales como la música, me encantaba el juego e hice la prueba para el equipo en mi primer año.

Unos días más tarde, se publicó en el pasillo una lista de todos los que habían sido aceptados en el equipo. Cuando me acerqué, había otros chicos reunidos alrededor, entusiasmados por haber visto sus nombres. A mi alrededor se escuchaban gritos de alegría y «choca esos cinco». Al principio miré la lista por encima, esperando ver mi nombre, pero no estaba. Bajé el ritmo, leí con más atención y luego volví a mirarla para asegurarme de que no se me hubiera pasado. No lo había pasado. Mi nombre no estaba en la lista. No había sido aceptado.

Los muchachos pueden ser despiadados. En la escuela me conocían como cantante, y parecía como si los chicos que habían sido aceptados en el equipo se sintieran satisfechos de verme fracasar en «lo suyo». Mientras me alejaba, oí a un chico decir: «Oh, no lo has conseguido, ¿eh?». A eso le siguió una ronda de risas, y otro chico añadió: «Sí, tienes que ir a cantar una canción».

Aquellas palabras me pegaron. Estaba enojado, triste y avergonzado. Ese sentimiento de rechazo era nuevo para mí, y no me gustaba nada.

Cuando ocurre algo así, puedes dejar que te aplaste o que te impulse. Depende de ti. ¿Aceptarás la derrota o no? Tú tienes las riendas, y puedes convertirte en la persona que quieres ser con la mentalidad y el esfuerzo adecuados. La mentalidad tiene que ser lo primero.

¿Aceptarás la derrota o no?

Para mí, esos momentos aplastantes son los que me hacen atrincherarme y perderme en el trabajo para poder reconstruirme de una manera nueva. No iba a quedarme de brazos cruzados ante esta derrota. Quería demostrarles a esos chicos que yo también podía hacerlo. Decidí que no solo iba a ser aceptado en el equipo al año siguiente, sino que iba a convertirme en una estrella del baloncesto.

Sabía lo que hacía falta para llegar a ese nivel, y me comprometí a lograrlo. Durante el año siguiente llevé siempre conmigo un balón de baloncesto. Lo botaba hasta la parada del autobús a las cuatro de la mañana, dormía con él en la cama y pasaba todo mi tiempo libre jugando en la cancha del barrio, intentando mejorar. Renuncié a la mayor parte de las pocas horas de sueño en mi haber para mejorar en baloncesto, pero no me importaba. Me tomé en serio el baloncesto, y cuando me tomo en serio algo, soy imparable.

Aquel verano después de mi primer año, comía, dormía y respiraba música y baloncesto y nada más. Me levantaba, pasaba horas cantando y escribiendo canciones en casa, y luego pasaba unas horas más en la cancha del barrio antes de ir a los clubes por la noche. La mayoría de los días aparecía el mismo grupo de chicos en la cancha. Formábamos equipo y nos poníamos a jugar. Un día, había allí un chico nuevo llamado Frank, que era mayor que el resto de nosotros. Llevaba unos calcetines altos y unos pantalones cortos un poco más altos de lo reglamentario. Básicamente era el último tipo que cualquiera de nosotros habría elegido para estar en nuestro equipo, pero me tocó jugar con él. Luego entró en la cancha y nos destrozó por completo.

Hablamos después del partido, y Frank me contó que había jugado al baloncesto profesional en Suiza. Cuando le expliqué lo de intentar entrar en el equipo de mi secundaria, aceptó entrenarme. Frank estudiaba derecho durante el día, así que nos juntábamos para entrenar por horas todas las noches. Me mataba todos los días. Por mucho que entrenara, no podía vencerlo. Y ya sabes cuánto odio perder.

Un día, me sentí tan frustrado por haber vuelto a perder contra Frank que exploté. «¡Esto ni siquiera es lo mío!», grité. «En realidad soy cantante». Frank me hizo un gesto con la mano. «No sabes cantar, mano», dijo con desdén.

Eso fue todo. Estaba tan caliente que abrí la boca y canté la primera canción que me vino a la cabeza, «Can We Talk», de Tevin Campbell. Frank escuchaba en silencio, con la pelota de baloncesto bajo el brazo. Cuando terminé, sacudió la cabeza y dijo: «Está bien, supongo que sí puedes cantar».

Frank me dijo que tenía contactos en la industria musical y que me ayudaría, y desde ese día se convirtió en una parte clave de mi equipo. En aquel momento, sin embargo, resultó que Frank no tenía conexiones reales. Lo descubrimos juntos. Él dedicó tiempo a investigar y yo a perfeccionar mi oficio. Frank ya no es mi mánager, pero se convirtió en mi mentor desde aquel día. Construimos todo esto juntos y lo respeto muchísimo.

En baloncesto, aprendí que no era lo bastante agresivo en el tiro. Jugaba a la defensiva y siempre buscaba el pase. Frank me enseñó a tirar a puerta, siempre. Si fallaba, lo volvía a hacer. Esa fue una lección tremenda que he llevado conmigo toda mi vida. Siempre nos pone muy nerviosos la idea de fracasar, pero son los fracasos los que nos dan la oportunidad de ganar. Y en cuanto empieces a ganar, la gente se olvidará de que alguna vez primero metiste la pata.

Hay algo que apuesto a que no sabías: Michael Jordan, LeBron James y Kobe Bryant están entre los diez jugadores con más fallos de todos los tiempos. Así es: fallos. Kobe está en primer lugar y LeBron en el cuatro. La cuestión es que siempre tiran a la canasta, y no ganarían tanto si no fallaran tantos tiros. No es casualidad que la mayoría de los diez jugadores con más fallos estén en el Salón de la Fama.

Aquel verano, me reunía con Frank en la cancha todas las tardes después de un día entero haciendo música, y él me guiaba a través de los ejercicios. Por mucho que quisiera jugar por jugar con los otros chicos, aquel entrenamiento con Frank me puso todo en perspectiva. Cuando juegas de forma recreativa, acabas encestando entre uno y siete tiros en todo el partido. Puedes meter muchas más canastas tú solo.

Soy un animal de costumbres, lo cual puede ser positivo o negativo, pero me ha servido a lo largo de mi vida. Como sabes, hubo un tiempo en que comía cuatro plátanos al día. Hubo otra época en la que comía un sándwich grande de Subway todos los días. Incluso ahora, cuando voy a mi restaurante favorito, Catch, en Los Ángeles, siempre pido lo mismo.

Puede ser divertido mantener las cosas frescas y emocionantes, pero saber cómo será tu vida al día siguiente te ayuda a trabajar hacia un objetivo. Te acostumbras a hacer lo que tienes que hacer en lugar de tomar nuevas decisiones que podrían conducir a un resultado diferente. Una vez que encuentro lo que me funciona, no me desvío hasta que deja de funcionar. Entonces encuentro algo nuevo y me comprometo con eso. Este es uno de mis superpoderes.

> Una vez que encuentro lo que me funciona, no me desvío hasta que deja de funcionar. Entonces encuentro algo nuevo y me comprometo con eso. Este es uno de mis superpoderes.

Así es como abordé el entrenamiento de baloncesto. Imagíname en el montaje de una película haciendo dos horas de ejercicios, ejercicios, ejercicios: regates, canastas, trabajo de pies, pases y tiros. Puede que de fondo suene la canción principal de *Rocky*. Luego Frank y yo jugábamos uno contra uno. Esa era la parte divertida, aunque Frank siempre me destrozaba. Luego me decía: «Me voy a casa, pero asegúrate de hacer tus doscientos tiros en salto».

Era verano en el sur de Florida, y cuando digo que le puse sangre, sudor y lágrimas, lo digo literalmente. Después de otra hora o más practicando tiros en salto, corría a casa, me duchaba y me ponía el «uniforme» del club nocturno. Luego mi hermano, mis primos y yo nos dirigíamos a los clubes.

¿Cuál es la lección? Empieza a pensar en quién está a tu lado tanto como hacia dónde te diriges. Si sientes que vas en la dirección correcta, a la velocidad adecuada, haciendo un trabajo que tiene sentido y éxito, probablemente ya tengas a las personas adecuadas en tu equipo. Pero si sientes que te están frenando o guiando mal, o que pierdes tiempo y energía arrastrando a la gente contigo, lo más probable es que haya llegado el momento de liberarte y ver lo que puedes hacer por tu cuenta.

Y, por supuesto, acabé formando parte del equipo.

10

CONFÍA EN LOS DATOS.

« »

LA CREATIVIDAD Y LA ANALÍTICA VAN DE LA MANO.

Un día muy al comienzo de mi carrera, Frank vino a verme con una enorme pila de listas de éxitos musicales internacionales de todos los géneros de los últimos diez años. Frank es el hombre cuando se trata de análisis de datos y estadísticas. Conoce todas y cada una de las estadísticas de todas las estrellas del deporte. Siempre le digo que si mejorara su juego en las redes sociales, podría convertirse en una gran estrella. Personas de todo el mundo quedarían asombradas por su riqueza de conocimientos.

De todos modos, en aquel entonces, Frank y yo nos sentamos juntos y examinamos con cuidado las listas de éxitos. Me dijo exactamente cuántos álbumes habían vendido distintos artistas de todo tipo de géneros, y dónde habían caído sus canciones y álbumes tanto en las listas nacionales como en las internacionales. Ver esas cifras en blanco y negro fue increíblemente revelador. De hecho, cambió por completo la forma de ver mi carrera.

Soy, y siempre he sido, un amante de la música, y punto. Me encanta el jazz. Me encanta el R&B. Me encanta el hip-hop. Me encanta el neo-soul. Incluso me encanta la música country. Pero para tener éxito como artista, sabía que tenía que enfocarme en un género musical.

No elegí el género que más me gustaba ni el que me resultaba más natural. Elegí el género que escuchaba la mayor cantidad de personas, porque quería ser el artista más grande del mundo.

Fíjate en qué he dicho del mundo. En Estados Unidos el pop es grande, sin duda, pero el hip-hop y el R&B también lo son. Mucha gente cree que los raperos y los artistas de hip-hop son los más exitosos porque esos géneros están muy de moda en Estados Unidos. Pero a nivel global, el pop es de lejos el género musical más importante. El hip-hop, el R&B y el rap ni siquiera están en el mismo universo.

Desde muy joven supe que no quería limitar mi público solo al mercado estadounidense. Quería llegar al mayor número posible de personas, vivieran donde vivieran. Cuando veía actuar a Michael Jackson en la televisión, siempre estaba en algún país exótico, y admiraba esa base de fans y ese apoyo intercontinental. Me imaginaba llenando estadios en Alemania y Australia, y llegando con mi música a todo el mundo.

Crecer en Miami también me mostró un panorama internacional. Los niños con los que iba a la escuela eran de todo el mundo: Puerto Rico, Cuba, Jamaica, Haití, como mi familia, y de muchos otros países. Siempre supe que había un gran mundo fuera de mi barrio e incluso de mi país, y que cada rincón de ese mundo tenía mucho que ofrecer. Había tantas culturas y personas diferentes fuera de Estados Unidos con las que podía conectar a través de mi música. No estaría siendo justo conmigo mismo si solo me enfocara en Estados Unidos porque da la casualidad de que nací ahí.

Mientras tanto, Frank había jugado al baloncesto en Suiza y había visto de primera mano cuán grande era el mundo. Con esos gráficos, me enseñó matemáticas sencillas. Hay cuatrocientos millones de personas en Estados Unidos. Eso son muchos cabrones. Pero hay ocho mil millones de personas en el mundo.

Desde una perspectiva puramente numérica, enfocarme en la música más popular del planeta me daría muchas más posibilidades de éxito mundial, solo por todos los mercados diferentes a los que podría acceder. Las listas no mienten. Cuando lo comprendí, me propuse convertirme no solo en un artista exitoso, sino en una estrella mundial del pop.

Piensa qué tipo de números, datos y matemáticas necesitas estudiar para triunfar en el campo que elijas. La gente parece no entender que la industria del entretenimiento es un negocio como cualquier otro. En la mayoría de los negocios, las personas que se enfocan en los números y los datos son las que prosperan, y eso no cambia en una industria creativa.

Es estupendo hacer arte, pero hacerlo en un vacío sin prestar atención a lo que la gente realmente quiere ver y oír no te llevará muy lejos. Aunque no te importe el dinero (lo cual dudo que sea cierto), tu arte llegará a más gente si te enfocas en los datos. ¿Y qué sentido tiene hacer arte si le falta la oportunidad de tocar la vida de la gente?

>> Es estupendo hacer arte, pero hacerlo en un vacío sin prestar atención a lo que la gente realmente quiere ver y oír no te llevará muy lejos.

Una vez que fijé la vista en el premio, abordé todos los aspectos de mi carrera desde una perspectiva global. Escribí las canciones que creía que atraerían a un público mundial lo más amplio posible y viajé sin parar, más que ningún otro artista, para cultivar nuevos mercados en Europa, Australia, África y Asia. Al final, me convertí en el primera artista que actuó ante un público mixto de hombres y mujeres en Arabia Saudita. Fue un momento muy especial y hermoso que nunca habría tenido lugar si no hubiera dedicado tanto tiempo y esfuerzo a establecerme como marca global.

Iré un paso más allá: no tendría ni de lejos el éxito que tengo hoy en general si no me hubiera enfocado en convertirme en una sensación global de pop, aunque soy tan bueno en R&B como en pop. De hecho, en cierto modo habría sido mucho más fácil, y desde luego se habría esperado más de mí, dedicarme al R&B. Pero tenía objetivos y sueños más grandes que eso.

Seamos realistas: soy un cantante negro, y en este país se espera que los cantantes negros se ciñan al R&B o que al menos empiecen con eso. Me han empujado en esta dirección toda mi vida solo porque ningún artista negro exitoso ha empezado nunca en la música pop. Piénsalo. Incluso Michael Jackson empezó de niño con los Jackson 5 haciendo R&B antes de convertirse en el «Rey del pop».

Hasta hoy en día, todo el mundo en la industria musical insiste en que los artistas negros, en especial los varones, tienen que empezar en el R&B y construir primero una base «urbana», para luego poder «pasar» a la corriente popular. Las líneas están «muy claras». Llevo toda mi vida oyendo esta narrativa completamente falsa e irrespetuosa.

Me parece una auténtica locura que todavía persista esta idea del *crossover*, como si existiera una frontera invisible entre el público negro y el blanco. Coño, ¿en qué año estamos? ¿De verdad se supone que tenemos que creer que el público blanco no puede apreciar a un artista negro desde el principio, así que un artista negro tiene que ganarse primero a los fans negros? (Porque todos sabemos que eso significa *urbano*). Luego, una vez que el público negro está a bordo, ¿quizás los blancos le den una oportunidad al artista? Esta idea es ofensiva en general, y en cuanto Frank me enseñó los gráficos, supe que no era cierta.

Este es otro ejemplo de cómo ignoré a los expertos y escuché a mi instinto. Me daba igual cuántos ejecutivos musicales me dijeran que tenía que empezar en el R&B. Que ningún artista negro hubiera empezado y triunfado en la música pop no significaba que yo no pudiera lograrlo. Alguien tenía que ser el primero, ¿no? ¿Por qué no podía ser yo?

Frank y yo decidimos que mientras tuviera buenas canciones, la gente respondería. Si las construía, vendrían. Y no tenía ninguna duda de que podía componer buenas canciones. Me encanta componer canciones de cualquier género, pero desde el principio tuve la estrategia de componer música urbana para otros artistas y canciones pop para mí.

En lugar de preocuparme por hacer el *crossover*, volví a examinar los datos para ver qué movía a la gente. Estudié las listas de éxitos sin parar para descubrir lo que más gustaba a las masas y lo que más escuchaban. La gente tiende a meter a los famosos en una gran caja y a suponer que si dos artistas tienen aproximadamente el mismo nivel de fama, también tienen el mismo nivel de ventas. Pero la fama no siempre equivale a ventas o reproducciones. ¿Qué canciones conectan de veras con las masas?

La mayoría de los artistas se limitan a crear, con la esperanza de llegar al mayor número de personas posible. Yo vengo de una perspectiva totalmente diferente. Sí, todo lo que creo es fiel a mí, pero me encanta todo tipo de música. Por eso, elegir qué tipo de música haría fue una decisión más calculada. Quería llegar al mayor número de personas posible y trasladé la mentalidad de un sello discográfico a mi arte para hacer la música que tuviera el mayor potencial de alcance.

Armado con esos datos, siempre me he centrado en componer canciones con las que pensaba que la mayor cantidad de personas podría identificarse y —esta parte es súper importante— querría cantar. También me aseguro de enfocarme en encontrar una melodía que haga que la gente en todas partes del mundo se quiera mover. Por eso me empeño en infundir en mis canciones y videos musicales una amplia gama de ondas internacionales, y por eso la melodía de una canción siempre ha sido la reina para mí. Si la melodía es buena, sé que la canción va a ser grande.

Una vez que encuentro la melodía que me habla y se me queda grabada en la cabeza, le pongo letra. Esta es la segunda gran pieza del rompecabezas: escribir versos memorables que mucha gente quiera cantar, aunque el inglés no sea su lengua materna. Siempre tengo esto en mente cuando escribo una canción. Me imagino en distintos escenarios y pienso en lo que querría decir en esos momentos. Si estuviera en la pista de baile, ¿qué querría cantarle a la muchacha con la que estoy bailando? Si estuviera en el carro con panas, ¿qué letra querría cantar con ellos? ¿Qué querría decirle a mi chica durante el sexo? O si le estuviera pidiendo perdón por algo que hice, ¿qué querría decirle entonces? ¿Qué letra podría imaginarme que me cantara una multitud de personas en un estadio abarrotado?

Todos somos diferentes, y todos somos únicos, pero lo cierto es que también todos somos básicamente iguales cuando se trata de estos momentos. Son personales y universales al mismo tiempo. Como compositor, soy esencialmente la voz de la gente. No todo el mundo puede componer canciones, así que intento poner palabras a las cosas que imagino que querrían decir si pudieran. Significa mucho para mí formar parte de sus vidas en esos pequeños y significativos momentos.

También quiero crear algo que emocione a la gente, ya sea que les dé ganas de llorar, bailar o enamorarse, tiene que evocar una emoción fuerte. Por eso escuchamos música. Es el telón de fondo de nuestras vidas llenas de acontecimientos.

Aunque confío plenamente en mi instinto, no me limito a creer en mi propia palabra cuando decido una melodía o una letra. Como he dicho antes, tomo una canción que he compuesto y la toco para todos los que puedo. Es decir, a todo el que esté en mi sector demográfico.

De nuevo, es necesario investigar para descubrir quién está

en tu sector. Necesitas tener los datos. ¿Quién es tu público? ¿Quién quieres que esté en tu público? Investiga. Averigua quién más está creando el mismo tipo de producto que tú y quién es su público. ¿Cómo puedes captar esos ojos y luego ampliar aún más esa audiencia base?

Para mí, no importa lo que piensen de mi música los que no son parte de mi sector demográfico. Quiero decir, quiero y respeto a mi mamá más que a casi nadie, pero me dijo: «Por favor, no lances "Talk Dirty"». LOL. Lo siento, mamá, pero sabía que a la gente de mi sector demográfico le encantaría esa canción, y así fue.

El problema de centrarse en el género más popular o en la forma más valorada de cualquier arte es que va a ser competitivo. Un público potencial mayor equivale a más competidores intentando entrar. Tienes que ser realmente el mejor del mundo para llegar a la cima de esa montaña. Pero ¡está bien! Ya sabes que si te enfocas y te esfuerzas, puedes convertirte en el mejor del mundo en cualquier cosa que quieras hacer. Y te divertirás mucho por el camino.

>> El problema de centrarse en el género más popular o en la forma más valorada de cualquier arte es que va a ser competitivo. Un público potencial mayor equivale a más competidores intentando entrar.

Al enfocarme en los datos tanto y a veces incluso más que en mi arte, he podido hacer algo que nadie ha hecho nunca: salir a la escena como hombre negro estrella del pop sin establecer primero una base urbana. Lo mejor de todo es que he podido mezclar todos los géneros que me gustan para crear un sonido pop que es completamente único para mí.

Aunque intento crear música que atraiga al mayor público posible, nunca quiero integrarme. Quiero ser como cucaracha en un baile de gallina. Ese deseo me mantiene alerta, siempre en busca de un sonido nuevo al que responda. A estas alturas sé que si algo me intriga, lo más probable es que también sobresalga para el resto del mundo.

Mira, no basta con apoyarse en lo que es popular para tener éxito; tienes que darle tu propio y único toque. Quieres ser de la corriente principal, pero también sobresalir, de lo contrario, te perderás entre la multitud. El arte es siempre una creación desde tu propia perspectiva. Eso significa que debe tener tu toque personal.

> **El arte es siempre una creación desde tu propia perspectiva.**

Lo que hace que todo el arte sea tan asombroso es el hecho de que cada persona es diferente. Eso significa que, por muy de la corriente principal que sea tu arte, si va a ser fiel a ti, tiene que ser único. No hay dos Beyoncé, Lady Gaga o Jason Derulo. Y seguro que tampoco hay dos como tú.

Además, los artistas que suenan como otras personas nunca llegan muy lejos. Cuando oigo a alguien decir: «Dios mío, suena igual que Whitney», pienso: «Claro, nunca triunfará». Ya tenemos la música de Whitney. El público quiere escuchar, ver o comprar cosas diferentes de las que ya tiene. Si fueras diseñador de ropa, no esperarías que la gente compre dos prendas idénticas de marcas distintas, ¿verdad? Pues lo mismo ocurre con la música y cualquier otra forma de arte.

Sí, los datos mandan, pero solo te llevarán hasta cierto punto. La última pieza mágica del rompecabezas eres tú: tu chispa, tu talento y tu voz única. Para encontrar esa pieza y completar el rompecabezas, tienes que ser audaz y probar cosas nuevas. La analítica y la creatividad tienen que ir de la mano. Eso significa que debes utilizar los datos como guía, pero asegúrate de no perderte por el camino.

> Sí, los datos mandan, pero solo te llevarán hasta cierto punto. La última pieza mágica del rompecabezas eres tú: tu chispa, tu talento y tu voz única.

Por cierto, todo lo que acabo de decir sobre la música y el arte también se aplica a las redes sociales, desde la importancia de los datos hasta la magia que solo tú puedes aportar. Mucha gente publica lo que le apetece. Su *feed* es una mescolanza al azar de su comida, sus hijos y algún meme que les ha hecho gracia. Está bien, pero no es así como vas a crear una marca para ti en Internet. Si eso es lo que quieres hacer, tienes que enfocar las redes sociales como un negocio, como cualquier otro.

Cuando empecé a tomarme en serio las redes sociales, dediqué algún tiempo a aprender sobre ellas y a estudiar a mi público: ¿qué era lo que más veían y a lo que más respondían? Utilicé los datos para averiguar lo que funcionaba y lo que no, y analicé cada detalle: el número de visitas, de «me gusta» y de comentarios, y exactamente en qué momento era probable que la gente dejara de ver un video. Descubrí que alrededor del setenta y cinco por ciento de los videos de TikTok con más éxito eran cómicos, así que pensé: «Listo, genial, yo también haré un montón de cosas cómicas».

En ese momento, ya me había deshecho de la falsa onda de artista sensual y empecé a dar rienda suelta a mi sentido del humor en TikTok, pero empecé a enfocarme mucho más en esto. Al igual que con mi música, siempre confié en que si yo encontraba que algo era gracioso, a mi público también le haría gracia.

Primero, intenté publicar un par de videos de *sketches* divertidos. Hice una serie en la que uno de mis amigos se ponía una capa de invisibilidad al estilo de Harry Potter y empezaba a meterse conmigo (la llamamos «Invisible Cape», capa invisible, ¡no me juzgues, ja, ja!) En el primer video, mi amigo se me acerca y me da una bofetada en la cara de la nada, pero, por supuesto, no puedo verlo y me asusto. En el segundo, se acerca sigilosamente y me roba los waffles mientras intento comérmelos, pero como es invisible parece que estuvieran flotando en el aire. Ese video de waffles tiene más de cincuenta millones de visitas.

Dos días después, publiqué otro video que parecía un cortometraje (un cortometraje muy corto). La leyenda decía: «Grabación real de mí saliendo de mi cueva para comer un bocadillo». Con una manta como «capa» y la frenética música de fondo de «El vuelo del abejorro», el video me muestra saliendo a toda prisa de mi habitación, bajando las escaleras y entrando en la cocina, agarrando todos los bocadillos e intentando escabullirme de nuevo escaleras arriba.

Utilizamos distintos ángulos de cámara y tomas individuales, pero lo que hizo realmente divertido el video fueron las tomas de reacción de mi perro, Ice. Él también quería esos bocadillos. Mis seguidores recompensaron nuestro valor de producción y el brillante ritmo cómico de Ice con veinticinco millones de reproducciones.

Me quedé boquiabierto. Nunca había tenido una racha de reproducciones consecutivas de ocho cifras como aquella. Estaba claro que mis fans apreciaban mi absurdo sentido del humor y que querían mucho a mi perro. ¿Quién podría culparlos por ambas cosas? Recibí tantos comentarios sobre Ice que cuatro días después grabamos un ridículo video en el que comía un tazón de cereales como un humano, con mis manos sujetando la cuchara. Otros veinticinco millones de reproducciones.

Solo esa semana, gané más de cinco millones de seguidores nuevos en TikTok. Cinco millones. En una semana. Piénsalo por un minuto. Personas que solo me conocían como cantante, o que no me conocían en absoluto, de repente se reían conmigo. Esto demuestra la importancia de conocer al público que es tu objetivo.

Una vez que tengas los datos, vale la pena ser constante. Cuanto más enfocada esté tu página en un tipo específico de contenido, voz o público al que intentas llegar, más fácil te resultará saber qué tipo de productos puedes utilizar para vender en el futuro. Muchos influencers exitosos cometen el error de intentar sacar provecho de su plataforma y vender algo que está fuera de aquello por lo que son conocidos. No siempre se entiende.

>> Una vez que tengas los datos, vale la pena ser constante.

Por ejemplo, si tu público acude todo el tiempo a tu página para ver moda, puede que no esté tan interesado en comprar tu música. No están ahí para oírte cantar. Así que si quieres vender música, empieza por la música. Cuanto antes tomes estas decisiones y más constante seas, más fácil te resultará.

Del mismo modo que he sido capaz de mezclar géneros para crear un sonido único, he sido capaz de mantener la constancia y frescura de mi contenido en línea creando temas específicos unidos por mi propio sentido del humor y mi onda única. Pienso en mi página como una cadena al estilo HBO, con varias series que encajan todas bajo el paraguas de Jason Derulo. De este modo, atraigo al mayor número de personas posible mientras mantengo cierta constancia entre el caos de las redes sociales.

El éxito popular en cualquier medio se reduce a encajar y

sobresalir al mismo tiempo. Si logras hacer eso, tu camino no tendrá límites. Pero no podrás conseguirlo si no estás armado con datos e información. Es como intentar seguir un camino en la oscuridad. Ilumina tu camino con conocimiento, e iluminará también tu futuro.

11

COLABORA, Y PUNTO.

« »

ELIGE PERSONAS A QUIENES PUEDAS ENSEÑAR Y DE QUIENES PUEDAS APRENDER.

*Supérate cada día, poco a poco,
y pronto verás resultados positivos, para ti y
para los demás.*

—WILL SMITH

Sí, puede que sea un maniático del control y un artista solista, pero sigo reconociendo que todo arte es, en última instancia, una colaboración. No solo eso, sino que todo arte es mejor por eso mismo.

A menudo compongo mis canciones con coautores. A menudo utilizo ritmos de productores. Me encanta incluir a otros artistas en mis canciones. Y en cuanto me meto en el estudio, trabajo con productores y mezcladores de sonido para crear el sonido adecuado. Para hacer mis videos musicales, trabajo con coreógrafos, bailarines, expertos en iluminación y técnicos de cámara. Y en las redes sociales, recurro tanto a amigos como a profesionales para que me ayuden a dar vida a mi visión. Coño, incluso este libro fue una colaboración entre bastantes personas que ayudaron a hacerlo realidad. Cuando se trata de crear, nadie es una isla, ni debería serlo.

Más allá de quién colabore contigo, las mejores colaboraciones no solo te ayudan a ejecutar tus ideas. Te permiten mezclar mundos completamente distintos para crear algo nuevo. Esto significa colaborar con personas fuera de tu género y, a veces, incluso fuera de tu industria. Algunas de mis colaboraciones más exitosas (y divertidas) han sido completamente fuera de lo común, impredecibles y sencillamente extrañas. No me gustaría que fuera de otra manera.

En 2014, salía del éxito del álbum *Talk Dirty*, que había compuesto mientras me recuperaba de mi lesión cervical. Como quería crear algo con lo que la gente pudiera moverse de verdad, ese álbum incluía muchas canciones para clubes nocturnos con ritmos rápidos, e incorporaba más sonidos de hip-hop y R&B que mis dos primeros discos.

En *Talk Dirty* pude colaborar con grandes artistas. Conté con Snoop Dogg, que es una de las personas más geniales que existen, en la canción «Wiggle». Me encanta el hecho de que Snoop esté dispuesto a todo y no tenga ningún ego. Con Snoop, el tipo que ves en la tele es el mismo que conoces en persona. Siempre es solo Snoop, y fue muy divertido trabajar con él. En ese álbum, también colaboré con Tyga en la canción «Bubblegum» y con

Kid Ink en «Kama Sutra». Sus contribuciones estaban encendidas y cada uno de estos artistas aportó un valor añadido a las canciones, pero ninguno de ellos fue exactamente inesperado.

Ahora había llegado el momento de cambiar todo eso.

A menudo la gente se sorprende al oír que me encanta la música country. Como ya he dicho antes, me encanta la música en general. Ese amor no se limita a un género concreto, y tampoco he querido limitarme nunca a un género, aunque haya elegido enfocarme en la música pop. En particular, me encanta la composición de canciones en la música country. Son verdaderas composiciones, así que siempre me gusta escucharlas.

Quería compartir esta otra faceta musical mía con mis fans, pero sabía que sería demasiado para mí de repente sacar una canción country o un álbum entero de canciones country. Tienes que seguir evolucionando, pero también es importante mantener cierta coherencia para que la gente sepa quién eres y de qué vas.

Así que cuando se me presentó la oportunidad, aproveché para colaborar con estrellas del country y meterme de lleno en su mundo. En 2014, recibí una llamada de Florida Georgia Line (FGL), un dúo country cuyo primer sencillo había batido récords de ventas. Querían incluirme en una remezcla de su canción «This Is How We Roll», en la que también iba a participar Luke Bryan.

Me pareció un éxito. Aprecié el hecho de que FGL quisiera prolongar la vida de la canción haciéndola más atractiva para un público pop, y pensé que era una gran idea para que yo también me presentara ante un público nuevo. También sabía que la colaboración sorprendería a mis fans y que podría resultar chocante para los seguidores de la música country. Pero para mí, es un valor añadido poder trabajar con artistas que tienen una base de seguidores completamente distinta a la mía. Lo veo como una forma de invitar a más gente a unirse a la fiesta. ¿Cómo puede ser eso algo malo?

También creo que todas las barreras que alzamos entre los géneros se pueden romper de forma fácil. Los humanos creamos esas categorías para definir y vender discos. La música no se divide así de forma natural, y a la gente no le importa realmente en qué género está una canción siempre y cuando esa canción la emocione. De hecho, la música suele ser mejor cuando esas líneas se difuminan o se borran por completo.

> También creo que todas las barreras que alzamos entre los géneros se pueden romper de forma fácil. De hecho, la música suele ser mejor cuando esas líneas se difuminan o se borran por completo.

Sin embargo, también sé que el público country es muy apasionado con su música. No estaba seguro de cómo reaccionarían ante un forastero como yo metiéndome en su mundo. Pero estaba demasiado entusiasmado para preocuparme por eso. Me divertí escribiendo mi verso en «This Is How We Roll» y me encantó entrar en el estudio y grabar algo completamente distinto. Fue como trabajar un músculo que nunca había usado en el gimnasio.

Una vez que se lanzó la canción y empezó a hacer de las suyas, FGL me pidió que actuara con ellos en los premios de la Asociación de Música Country (CMA, por sus siglas en inglés). Y, aún mejor, abriría el espectáculo con FGL, Luke Bryan y ZZ Top, haciendo una mezcla de nuestras canciones, incluidas «This Is How We Roll» y «Talk Dirty». Mira, un gran artista es un gran artista, y me sentí honrado de estar en el escenario con esos tipos.

Conocí a Luke y a los muchachos de FGL por primera vez cuando ensayábamos para el espectáculo. Puede que te sorprenda oírme decir esto, pero congenié con ellos más que con casi ningún otro artista que haya conocido. Eran seres humanos de verdad, tipos normales con los pies en la tierra como yo. También me impresionó lo entusiasmados que estaban por bailar conmigo durante el espectáculo. Realmente querían ir por todas, y siempre aprecio esa mentalidad en otro artista.

En cuanto subimos al escenario, todo el público se volvió loco. Les encantó, y fue muy divertido ver a los muchachos soltarse en «Talk Dirty». En ese momento, consideré que tenía razón: la música es música, y trasciende las barreras artificiales. Si una canción emociona a la gente, eso es lo único que importa. Los tipos con los que actué aquella noche lo sentían así, y el público también.

Me quedé pasmado después del programa cuando empecé a recibir más comentarios racistas de los que he recibido en toda mi vida. Por supuesto, siempre he sabido que el racismo está vivito y coleando. Me he enfrentado a él alguna que otra vez, sin duda. Pero nunca había vivido algo así: comentario tras comentario diciendo cosas como «¡Aléjate de nuestra música!». (En realidad ese fue uno de los comentarios más amables).

Fue mucho, pero mi reacción principal fue sentirme mal por esa gente. Ser tan mezquino e ignorante es muy triste. Es miserable cargar con tanto odio. Y aunque me dolía recibir esos comentarios, sabía que, a fin de cuentas, su racismo les hacía más daño a ellos que a mí.

Además, esta gente se escondía detrás de una pantalla. Al público que realmente me había visto actuar le había encantado. Eso era lo que importaba en serio. Para entonces, había empezado a entablar una relación con Luke y los muchachos de FGL. Un día, Luke me llamó y me dijo:

—Oye, Jason, deberías venir y quedarte en mi casa. Puedes quedarte en mi establo.

—Ya basta con el racismo —le dije—, no me voy a quedar en tu establo.

Luke se echó a reír y agregó:

—No es lo que piensas.

Por supuesto, cuando aparecí, descubrí que su establo era de lujo. Pero seguía siendo country hasta la médula. Yo llevaba cadenas, unos grandes diamantes en las orejas, unos jeans rotos un poco más ajustados de lo normal y un par de zapatos al tobillo. Luke me echó un vistazo y me dio unas botas, una camisa de franela abotonada y unos jeans de pata ancha.

Era como un pez fuera del agua y a la vez en el agua. Aunque siempre he sido un chico de ciudad —andaba entre Miami,

Nueva York y Los Ángeles—, me sentí muy bien al ralentizar el ritmo durante un minuto. Pasamos todo el fin de semana disparándole a discos, bebiendo cerveza, cantando un poco y pasando el rato. Me lo pasé como nunca.

Luke y los chicos de FGL y yo seguimos haciendo música juntos, solo porque es lo que amamos y nos divertimos haciéndolo juntos. Unos años más tarde, FGL y yo colaboramos en otra canción llamada «Women» que lanzaron y que fue una celebración total y realmente mágica, en mi opinión.

Luke y yo también hemos continuado nuestra amistad y hemos colaborado muchas veces desde entonces. Hicimos un episodio de *Crossroads* en el canal Country Music Television: él cantó seis de mis canciones y yo canté seis de las suyas. Fue un gran éxito, y lo pasé súper bien en el escenario con Luke, sobre todo viéndolo cantar a pleno pulmón canciones como «Talk Dirty». ¡Mi pana la sacó del parque!

Ahora que la comunidad de la música country (en su mayoría) me había acogido, decidí que era hora de que mi público empezara a escuchar también un poco de country. Ya estaba trabajando en la canción «Broke» cuando Barack Obama, que entonces era presidente, me invitó a una cena en la Casa Blanca. Keith Urban ya había accedido a tocar el banjo en el tema, y yo también pensaba ponerle algo de armónica. Así que cuando llegué a la Casa Blanca vestido de esmoquin y vi que estaba sentado cerca de Stevie Wonder, casi me vuelvo loco.

Retrocedamos un segundo. Yo había sido un gran admirador de Stevie durante años. Recuerdo que de niño fui a la tienda de discos y compré mi primera caja recopilatoria de sus discos. Para los que son demasiado jóvenes para saberlo, una caja recopilatoria es un conjunto de álbumes de un artista reunidos en un set. Stevie y yo nos pusimos a hablar, y todo el tiempo estuve pensando en lo increíble que sería conseguir que Stevie tocara la armónica en «Broke». No sabía qué diría Stevie, pero sabía que si no se lo pedía, seguro que no ocurriría. Tenía que intentarlo.

—Stevie —le pregunté al fin—, ¿te gustaría tocar la armónica en una de mis canciones?

—Por supuesto, pana, somos familia —respondió Stevie enseguida.

Yo estaba por las nubes y pensé: «Esto va bien, quizá pueda presionar un poco más».

—¿Te gustaría cantar también en la canción?

—Pongámoslo así —dijo Stevie—. Si oigo la canción en la radio y no estoy en ella, te voy a dar un chancletazo.

Con «Broke», mi base de fans aceptó ese sonido country tanto como el público de la música country me había aceptado a mí. Gané un público totalmente nuevo y mucha credibilidad como artista versátil que puede trabajar en distintos géneros y mezclarlos para crear algo nuevo. También fue una sensación increíble que uno de mis héroes formara parte de lo que había creado. Trabajar con Stevie fue sencillamente increíble.

Una cosa que he descubierto colaborando es que, la mayoría de las veces, los artistas de más alto nivel no tienen ego, no tienen nada que demostrar. Simplemente se dedican a hacer lo suyo. Los que sienten que tienen que demostrar lo que valen son los que ponen una fachada, y eso nunca es bueno para nadie.

>> Una cosa que he descubierto
colaborando es que, la mayoría
de las veces, los artistas de más
alto nivel no tienen ego.

Pero por mucho que me haya encantado colaborar con algunos de los mejores y más grandes artistas que existen, he descubierto que algunas de las colaboraciones más impactantes de mi carrera han sido con mis propios seguidores y fans. Puede que nunca te hayas planteado la idea de colaborar con tus héroes o con tus fans, y no estoy diciendo que debas llamar en frío a Stevie Wonder. Pero la forma más rápida de destacar en cualquier red social es llamar la atención de otros creadores de la plataforma. Una vez que hayas sido bendecido por los mejores, sus masas migrarán hacia tu contenido.

En Instagram y Facebook, colaborar suele significar simplemente que otro creador comparte tu trabajo con sus seguidores. Eso está muy bien, pero no es tan impactante como una verdadera colaboración, que es mucho más fácil de llevar a cabo en TikTok. Esta es una de las razones por las que me gusta tanto esa aplicación: puedes crear lo que quieras con quien quieras, aunque nunca lo hayas conocido ni hayas hablado con él.

La mejor forma de captar la atención de la realeza de TikTok es añadir valor a su contenido con un «dueto». La función dúo te permite aparecer en pantalla dividida junto a cualquier video de la plataforma e interactuar indirectamente con tus creadores favoritos: puedes cantar o tocar a dúo con músicos, deleitarte con las deliciosas recetas de un chef, o incluso reírte o mejorar el chiste de un cómico mientras grabas tu reacción en tiempo real.

Ten en cuenta que cada vez que los mayores creadores de TikTok publican un video, cientos o miles de personas hacen un «dueto» con el contenido. Si quieres que tu colaboración atraviese el ruido y capte la atención de tu objetivo, tu dueto tiene que ser transformador. Esta es tu oportunidad de hacer algo sorprendente. No te limites a añadir un nuevo video: añade un nuevo género. Utiliza tu dueto para convertir la cocina en comedia, el sexo en ciencia o las mascotas en parodias. O, para el caso, la música pop en country.

Por supuesto, mucha gente ha utilizado la función de duetos de TikTok para hacer duetos con mi contenido. Otros me han pedido directamente que haga duetos con los suyos. Me encanta hacer esto para destacar a otros creadores con contenidos que me gustan, en especial cuando da lugar a un dueto transformador o sorprendente.

En 2020, cuando mi TikTok se estaba calentando de verdad, un usuario llamado Dalton (@daltontherockjohnson) publicó un video de sí mismo cantando «In My Head». Abrió el video diciendo: «Oye, si eres Jason Derulo, haz un dueto con esto. Vas a cantar la línea azul, ¿okey?».

Este video me llamó la atención por varias razones. En primer lugar, Dalton y yo no podíamos parecer más diferentes. Él era un tipo grande, blanco, de mediana edad, con pantalones cortos, camiseta holgada y sandalias, de pie en lo que parecía un patio muy del Medio Oeste. Pero en realidad tenía una buena voz para cantar y se mostró totalmente desinhibido mientras se soltaba con unos movimientos de baile bastante dulces y graciosos. Todo su video era un gran ejemplo del dicho «No puedes juzgar un libro por su portada». Pero lo más divertido del video fue el hecho de que la única letra que estaba escrita en azul (es decir, la línea que debía cantar yo), era el comienzo de la canción: «Jason Derulo». Dalton literalmente solo quería que cantara mi nombre.

Esto me hizo mucha gracia, porque la mayoría de los dúos de canto que utilizan líneas de color como esta implican armonías o letras alternas entre las dos personas del video, sobre todo cuando el dúo es con una celebridad. Pero Dalton no quería que armonizara ni que cantara a dúo con él. Solo quería utilizar mi introducción patentada como un montaje divertido para cantar su versión de la canción.

Al hacerme reír, Dalton dio en el clavo con la invitación al dueto. Me encantó que se atreviera a hacerlo y, por supuesto, acepté. En el dueto, canté mi nombre en voz alta, y luego bailé en mi lado de la pantalla mientras Dalton cantaba con el corazón «In My Head». No me sorprendió ver que mis seguidores quedaran encantados con el video —y el propio Dalton— tanto como yo.

Desde entonces, he estado utilizando mi plataforma cada vez más para dar luz a creadores prometedores. Me encanta llegar a la gente que creo que puede lograrlo pero necesita una oportunidad real, y descubrir nuevos talentos se ha convertido en una de mis cosas favoritas. Nunca olvido que yo solía ser esa persona que deseaba tanto una oportunidad, y me parecía que tardaba una eternidad en que alguien me escuchara de verdad.

Es increíble estar ahora en posición de dar a otros un escenario para sus contenidos, tanto en línea como fuera de ella.

Ya sea una gran estrella o un completo desconocido, todos aquellos con los que decido colaborar son personas de las que ya soy fan de alguna manera. Confío en que si encuentro atractiva a una persona, mi público también lo hará. Estoy más que contento de que estos creadores me utilicen como puerta de entrada a su éxito, y no necesito nada a cambio. No es ese tipo de onda. Quiero ser un trampolín para ellos.

Hago lo mismo cuando se trata de música. La gente se me acerca todo el tiempo y me dice que hace música. No importa quiénes sean, siempre les pido que me envíen su material por correo electrónico y siempre lo escucho. Claro que los estoy ayudando, pero la verdad es que esto también me ayuda a mí. Nunca se sabe de dónde va a salir el próximo gran talento. La mayoría de los artistas que superan la prueba del tiempo se rodean de otros que siguen innovando, y yo soy igual.

Hay muy pocas cosas nuevas bajo el sol. Entonces, ¿cómo sigues creciendo, cambiando y manteniendo a la gente en expectativa? Lo he conseguido inspirándome en otras personas que tienen un nuevo sonido propio.

La única forma de tener una carrera duradera es mantenerse a la vanguardia. Tienes que aprovechar todas y cada una de las oportunidades, vengan de donde vengan. Puede que yo tenga grandes ideas, pero otras personas también las tienen, y quiero todas ellas sobre la mesa: las que se me ocurren a mí, las de los chicos y chicas que están pegando y las de los chicos y chicas que están recién empezando.

> La única forma de tener una
> carrera duradera es mantenerse
> a la vanguardia. Tienes que
> aprovechar todas y cada una
> de las oportunidades, vengan
> de donde vengan.

Así que, en tu trayectoria hacia arriba, no te olvides de tender la mano y ayudar a alguien por el camino. Será gratificante desde una perspectiva humanista y podría ayudar a acercar tu barco a la tierra prometida. Dar es el regalo que sigue dando. No hay nada como la sensación de ver que alguien a quien has ayudado se ha convertido en una historia de éxito, y muchas veces esa persona también volverá y te ayudará a ti de alguna manera. No te preocupes ni un segundo por darle un empujón a alguien que puede acabar siendo tu competencia en el futuro. Creo de todo corazón que en este mundo hay lugar para que todos triunfen. Además, es ridículo preocuparse por competir contra una persona cuando deberías preocuparte por competir contra Hulu, Amazon Prime y Snapchat. Hoy en día hay tantas cosas diferentes que atrapan la atención de la gente. Otra persona no puede hacer mella en tu éxito.

La única persona contra la que debes competir siempre eres tú para así convertirte en la mejor versión de ti mismo que puedas ser. Me paso todos los días pensando en cómo puedo superarme a mí mismo. Cuando la gente empezó a llamarme «Rey de TikTok», sentí mucha presión. No estaba seguro de merecer ese título. Pero decidí aceptarlo y liderar desde el amor y la positividad, y los resultados —tanto para mí como para los demás— han sido increíbles.

> En tu trayectoria hacia arriba, no te olvides de tender la mano y ayudar a alguien por el camino.

Hagas lo que hagas, lleva esa corona con orgullo y conviértete en el rey o la reina que estabas destinado a ser. Ayuda a los demás, inspírate en los demás y ábrete a la posibilidad de encontrar colaboradores en lugares inesperados. Cuando dejes de ver a los demás como competencia y empieces a verlos como personas que pueden aprender algo de ti o enseñarte algo, o ambas cosas, se abrirá ante ti todo un mundo nuevo de éxito e inspiración.

12

REVÉLATE CON LA MEJOR LUZ.

« »

DE LA MEJOR MANERA.
IGNORA LO QUE FUNCIONA
PARA LOS DEMÁS.

Uno de los primeros videos musicales que dirigí fue para la canción «If It Ain't Love». Es una canción sexy y un video aún más sexy que cuenta con una increíble bailarina en un ambiente de oficina. Los pasos son calientes, y añadimos algunas acrobacias divertidas. Yo llevo un traje de tres piezas, ella una camisa estilo secretaria con un moño en el pelo sacado directamente de una fantasía, y estamos bailando literalmente en el techo. Es una pasada.

Por supuesto, puse mi corazón e incontables horas en cada

detalle de ese video. Pero cuando lo veo ahora, me da vergüenza. Me sigue encantando el concepto y la coreografía, pero el video me parece mediocre. Y la verdad es que no me sorprende.

Durante todo el tiempo que estuvimos grabando ese video, me preocupaba que la iluminación no fuera la adecuada. Como director, iba y venía todo el tiempo de delante de la cámara a la pantalla para ver lo que acabábamos de rodar. Y cada vez que lo veía, no estaba contento.

—Se ve apagado —le dije al director de fotografía (DP, por sus siglas en inglés), encargado de la iluminación. Llevaba todo el día diciéndolo.

—Confía en mí —me dijo por enésima vez—. Le subiré la luz en postproducción. Lo haremos supercolorido y vibrante. Ya lo verás.

En serio, si tuviera un centavo por cada vez que un DP me ha dicho algo parecido... bueno, no necesito esos centavos. Pero ya me entiendes. Incluso antes de empezar a dirigir mis propios videos, me peleaba todo el tiempo con los directores de fotografía por la iluminación. Creen que son los que mejor lo saben, porque son expertos y han iluminado a algunas de las personas más importantes del mundo, lo cual está muy bien, pero no significa que sepan cómo iluminarme a mí.

Una vez más, aquí estaba un experto diciéndome que me conocía mejor que yo. Y una vez más, se equivocaba. No me sorprendió que, cuando nos sentamos a editar juntos el video, se veía oscuro y sin vida. «Hazlo más brillante», le dije una y otra vez, y él hizo todo lo que pudo, pero ya era demasiado tarde para arreglar el problema fundamental y hacerlo tan vibrante como yo quería.

A pesar de lo que siempre me dicen los directores de

fotografía, no se puede hacer mucho en la postproducción, y me decepcionó mucho. La canción salió bien, pero no fue un gran éxito. Creo que si el video hubiera estado iluminado como yo quería desde el principio, habría llevado la canción a otro nivel.

Al año siguiente, dirigí el video de «Tip Toe». Me inspiré en lo que Missy Elliot había hecho en su momento y quise hacer un video que no fuera tan conceptual como «If It Ain't Love», pero que invitara al público a viajar a diferentes mundos conmigo en una serie de viñetas. Al mismo tiempo, quería que fuera brillante y divertido y muy centrado en el baile.

Esto no era solo lo que yo quería. Me pasaba el tiempo estudiando a mi público y a lo que reaccionaban bien. Con todos mis videos, he rastreado el número de reproducciones, de «me gusta» y de comentarios en YouTube. *¿Qué les gusta? ¿Qué dicen los comentarios? ¿Qué obtiene el mayor número de reproducciones?*

Puedes aprender mucho de Internet si tienes la fuerza suficiente para hacerte de la vista gorda con las sandeces, y yo aprendí que mi público en particular quería mucho baile, muchos colores brillantes y mucha diversión. Hoy en día, soy uno de los músicos más vistos en YouTube de la historia, y eso se debe a que siempre he intentado darles a mis fans lo que quieren en lugar de seguir las tendencias o escuchar a cualquiera que intentara convencerme de que hiciera algo diferente.

Para «Tip Toe», decidí crear una jungla y hacer que algunos bailarines increíbles formaran parte de ella, y también lleve a los espectadores a Japón y a un reino dorado que parecía casi bíblico. La mayor parte del proceso de preproducción fue similar al de mis otros videos. Incluso cuando no dirijo, siempre

estoy presente en el casting, eligiendo a cada modelo y bailarina. Decido el vestuario y trabajo con los coreógrafos codo
con codo.

Esta vez, sin embargo, la grabación del video fue diferente,
sobre todo porque me fijé mucho en la iluminación. La última
vez había aprendido la lección. Después de cada toma, veía la
pantalla, y si no estaba contento con la iluminación, no seguía-
mos adelante hasta que la teníamos bien. Se acabaron las tonterías
de arreglarlo en postproducción.

Otra gran sorpresa: ese video salió exactamente como lo había imaginado. No es uno de mis videos más vistos, con doscientos millones de visitas, pero sigue siendo muchísimo más que «If
It Ain't Love». La canción en sí también tuvo más éxito.

« »

En los videos musicales y en las redes sociales, conseguir que
la gente deje de desplazarse por su pantalla y mantenga la vista
en ti es tanto un arte como una ciencia. En cierto modo, esto
es aún más difícil de hacer en las redes sociales. Hoy en día,
hay más ruido en las redes sociales que, literalmente, en cualquier otro sitio. La idea de encontrar una forma de abrirse paso
entre todo ese ruido puede parecer desalentadora, o incluso
imposible.

Las redes sociales importan porque es donde están los ojos. Tener la atención de alguien, aunque sea por poco tiempo, es el bien
más valioso del mundo. ¿Cómo vas a saber qué tiene de especial
tu arte (o qué tiene de malo) si no le das a la gente la oportunidad
de verlo?

Puede que estés convencido de la idea de que necesitas ser

quisquilloso y humilde en tu oficio, sudar en las sombras antes de poder emerger como un genio o prodigio listo para reclamar todos los trofeos que te esperan. Deja de creer esa mentira. Necesitas motivación para mejorar. No importa lo que quieras conseguir en esta vida, tener más ojos puestos en ti te da una plataforma más alta en la que apoyarte. Te da más información y más confianza, y necesitarás ambas cosas para alcanzar tus sueños. Confía en mí.

Al día de hoy, soy víctima de pensar demasiado mis publicaciones en las redes sociales. Cuando empecé a publicar en TikTok, estaba creativamente despreocupado y en mi momento mental más saludable en cuanto a mi relación con las redes sociales. Publicaba un video tras otro y mi mente estaba en la zona. Esto me proporcionaba un sano distanciamiento del éxito de cada video. Si uno no triunfaba, era solo algo temporal, y ya había pasado al siguiente como parte de mi rutina.

Tres años después, ahora no me siento tan despreocupado a nivel creativo en las redes sociales. Cuanto menos publico, más me preocupa la recepción de cada video. No tengo la misma rutina de publicar un video tras otro, y es entonces cuando empieza a surgir una relación menos sana con las redes sociales.

Me alegra estar escribiendo esto para volver a leerlo más tarde. Sé lo que tengo que hacer, y probablemente tú también, pero tenemos que recordárnoslo todo el tiempo. Este libro será mi recordatorio. Que sea también el tuyo. Los títulos de cada capítulo te ayudarán a recordar que debes mantener el rumbo en tu viaje hacia la grandeza.

> Sé lo que tengo que hacer, y probablemente tú también, pero tenemos que recordárnoslo todo el tiempo. Este libro será mi recordatorio. Que sea también el tuyo.

Publicar en las redes sociales es innegociable, pero no debería ser una tarea. Para tener éxito, tienes que empezar a verlo como una salida creativa y una oportunidad. Puedes conseguir más miradas sobre tu trabajo a través de las redes sociales que literalmente en cualquier otro sitio, y el mundo se mueve cada día más en esa dirección. Son un gran ecualizador y una máquina de retroalimentación. Al eliminar las barreras de acceso a todo tipo de actividad artística o creativa, las redes sociales han convertido esta en la era de los artistas, y cada vez se pone mejor.

Una de las razones por las que me encantan las redes sociales y por las que funcionan tan bien para los aspirantes a creativos es que celebran al individuo. El público acude en masa a las redes sociales para experimentar algo nuevo, diferente y auténtico. Ahora puedes captar la atención del mundo simplemente haciendo lo que haces, simplemente siendo tú.

Bueno, si estás poniendo los ojos en blanco, lo entiendo. Sé que no es tan fácil como darle al botón de «publicar». Y he aquí por qué... ¿Estás preparado? Cuenta conmigo. Uno, dos... Listo, para, ya está. Ese es el tiempo que tienes para captar la atención de alguien. Y ese minúsculo lapso no hace más que reducirse.

La gente solía decir que los humanos tenían una capacidad de atención de ocho segundos. Pero hoy eso es una broma. Disponer de ocho segundos completos para captar la atención de alguien sería un gran lujo en el mundo en que vivimos hoy.

Una de las razones por las que las redes sociales son una gran herramienta para los creadores es que nos enseñan la lección que aprendí en aquella audición: no desperdiciar ni un momento, hacer que cada segundo cuente e importe, ir al grano más rápido. Con tanto ruido, si quieres que la gente se enfoque en ti, tienes que esforzarte al máximo para captar su atención desde el principio.

Piensa en lo rápido que te desplazas por las redes sociales y lo distraído que estás mientras lo haces. Mientras miras las publicaciones, también estás esperando en la cola de la tienda o corriendo en la caminadora. Es exactamente la misma situación cuando escuchas música en *streaming* o incluso cuando te desplazas por Netflix, intentando decidir qué ver.

La mitad de las veces, ni siquiera estás prestando atención a las canciones, imágenes, videos y programas de televisión que pasas a toda velocidad. Puede que te estés perdiendo algo increíble, pero nunca lo sabrás. Tu cerebro está esperando inconscientemente a que llegue algo y te atrape, obligándote a detenerte en seco.

Entonces, ¿cómo vas a conseguir que esos ojos se fijen en ti y permanezcan ahí el mayor tiempo posible? Al fin y al cabo, se trata de que le digas al mundo: «Tengo algo para ti».

Como consumidores, todos somos egoístas y tenemos nuestras propias necesidades. Solo prestaremos atención a alguien si creemos que hay algo para nosotros, algún tipo de valor. Este valor puede venir como información, conocimiento, una risa o simplemente un sentimiento, aunque dure poco tiempo.

Es útil pensar que la relación con las redes sociales es principalmente transaccional. Nadie va a verte o a escuchar tu contenido solo porque parezcas una buena persona o porque tengas buenas intenciones. Ser guapo puede ayudar un poco, claro, pero aun así tienes que proporcionar a los espectadores algún tipo de valor más allá de una cara bonita.

Lo primero que hago antes de componer una canción, publicar un video en TikTok o compartir cualquier tipo de contenido es resolver exactamente qué intento darle a mi público y qué valor van a obtener a cambio de su tiempo.

Para mí, casi siempre se reduce a hacer que la gente sienta algo. Desde un punto de vista holístico, quiero que todo lo que creo proporcione a la gente un pequeño trozo de felicidad, ya sea en forma de una rápida inyección de energía mientras se preparan por la mañana, unos minutos de diversión mientras bailan en la discoteca o un momento para relajarse y respirar durante un día difícil. No soy un tipo súper emotivo, así que resulta un poco irónico que mi objetivo sea crear emociones en los demás, pero eso es lo que me llena de verdad, sobre todo cuando me permite formar parte de la vida cotidiana de la gente.

También sé que este es el valor que mi público quiere obtener de mi contenido en particular. Todos queremos sentir algo. Queremos reír, queremos llorar, queremos bailar, queremos enamorarnos y queremos ser independientes cuando nos hemos desenamorado. Desde mucho antes de que existieran las redes sociales, hemos confiado en los creadores para que nos ayuden a superar estos momentos.

>> Queremos reír, queremos llorar, queremos bailar, queremos enamorarnos y queremos ser independientes cuando nos hemos desenamorado. Desde mucho antes de que existieran las redes sociales, hemos confiado en los creadores para que nos ayuden a superar estos momentos.

Pero mi público no tendrá la oportunidad de sentir nada si no se detiene a escuchar mi música o a ver mis videos. Mucha más gente sacó algo de «Tip Toe» que de «If It Ain't Love», solo porque la vitalidad del video captó su atención.

Por supuesto, cuando empecé a dedicarme en serio a las redes sociales, me traje conmigo mi obsesión por la iluminación y utilicé lo que había aprendido por el camino para crear contenidos atractivos. Esta es una de mis armas secretas, pero es igual de importante para cualquiera que desee que le echen el ojo.

Puedo decirte con certeza que lo más importante que puedes hacer para que tus publicaciones sobresalgan es conseguir una buena iluminación, tanto para cualquier tipo de contenido visual como para las videollamadas. De hecho, todos mis consejos para grabar contenido de video también pueden hacer que te veas mejor en esa próxima reunión o entrevista de Zoom.

Cuando se trata de redes sociales, la iluminación puede ser el factor decisivo que determine si alguien va a pasar de largo por tu video o se va a detener a verlo. Los espectadores simplemente no verán tu video si no pueden verte a ti o lo que está ocurriendo con claridad.

Una buena iluminación les dice a tus espectadores: «Vale la pena ver este video». Hacer un esfuerzo adicional en este aspecto puede hacer que tu contenido visual pase de bueno a genial. No importa si estás bailando, grabando proyectos de bricolaje, cocinando o haciendo comedia. No enciendas la cámara hasta que hayas resuelto el problema de la iluminación. Sinceramente, es así de importante.

La idea de crear todo un montaje de iluminación puede parecer exagerada, pero hay formas de hacerlo que son sencillas y asequibles. Las tres cosas más importantes que debes tener en cuenta al iluminar tus videos son: asegurarte de que tienes suficiente luz, asegurarte de que la luz es uniforme y asegurarte de que la luz procede de la dirección correcta.

El objetivo de una cámara necesita mucha más luz que el ojo humano para crear una imagen que se vea bien. Pero si esa luz es desigual, proyectará sombras feas sobre tu cara. Y si viene de la dirección equivocada, puede provocar un resplandor áspero que hará que la gente haga clic y deje tu video más rápido que casi cualquier otra cosa.

Para asegurarte de que tienes suficiente luz, empieza aprovechando la luz natural del sol: no hay en el mundo ninguna luz que puedas comprar mejor que la del sol, y lo mejor de todo es que es gratis. Asegúrate de grabar tus videos en una habitación que reciba mucha luz solar natural o, mejor aún, grábalos en el exterior.

Si estás dentro, colócate de modo que haya una ventana detrás de la cámara y el sol te dé directamente en la cara. Nunca grabes con la ventana detrás de ti o de quien sea el sujeto de tu video. Si puedes grabar en el exterior, el mejor momento del día para grabar tu video es durante la media hora después de la salida del sol por la mañana o durante una hora antes de la puesta de sol por la noche. Es cuando la luz es más suave, más favorecedora y menos propensa a crear esas feas sombras. Por algo se llama «la hora mágica», aunque técnicamente sea una hora y media.

Si no dispones de luz solar natural y tienes un presupuesto modesto para iluminación, comprar unas luces sencillas es una gran inversión que mejorará notablemente tus videos. Incluso un pequeño anillo de luz marcará una gran diferencia. También puedes utilizar la iluminación que ya tienes. Cuando grabes de noche, coloca una lámpara a cada lado de tu cara para iluminarte de forma uniforme. Solo asegúrate de utilizar los mismos tipos de bombillas en cada lámpara para no tener dos fuentes de luz diferentes compitiendo entre sí.

Incluso con una gran iluminación, algo que la mayoría de la gente pasa por alto es aprender a iluminarse correctamente a sí mismos, no solo sus videos en general. Puedes tener un gran montaje, pero si no hace relucir tu color de piel y tus rasgos particulares, no sirve de nada. No importa lo que funcione para el resto del mundo. Tienes que ver qué funciona para ti. Esto se aplica a todo, no solo a tu iluminación, pero nos ceñiremos a este tema por el momento.

No hay una configuración de iluminación que funcione para todo el mundo. La piel más oscura es menos reflectante que la más clara, así que si tienes la piel más oscura como yo, es aún más importante que te asegures de tener una iluminación adecuada.

Sea cual sea tu color de piel, empieza por buscar una foto tuya que te guste. Luego intenta reproducir la iluminación de la foto colocando diferentes luces.

Una vez que tengas suficiente iluminación, tienes que asegurarte de que sea uniforme para evitar crear sombras. Intenta difuminar la luz con algún tipo de filtro. De lo contrario, las luces brillantes pueden resultar muy duras y poco favorecedoras para la cámara. Por supuesto, hay montones de filtros de iluminación que puedes comprar, y muchos de ellos son baratos. También puedes utilizar objetos domésticos, como cortinas de ventana o incluso una cortina de baño, para suavizar las luces. Experimenta con distintas cosas para ver qué te queda mejor.

Por último, asegúrate de que tus luces estén en el lugar correcto. En general, quieres que tus luces estén más o menos a la misma altura que tu cara, pero a veces esto puede crear un deslumbramiento. Para evitarlo, eleva más las luces y aléjalas de ti. Evitar el deslumbramiento es especialmente importante si llevas gafas o tienes otros objetos reflectantes dentro del encuadre de tu video.

Una vez que tengas tu base de iluminación, puedes agregar algunos extras para hacer que tu video resalte. Para captar la atención de los espectadores y que sigan viendo el video entero en lugar de dejarlo a mitad de camino, me gusta utilizar ráfagas de color a lo largo del video que añadan una textura increíble y capten la atención de la gente justo cuando podría estar empezando a decaer. Al añadir algo inesperado como esto, me aseguro de que los espectadores nunca tengan la oportunidad de aburrirse.

Para conseguirlo, compré unas luces baratas que pueden

cambiar de color en mitad de un video. Es especialmente divertido usarlas en videos en los que estoy bailando. Este pequeño truco es tan sutil que los espectadores ni siquiera se dan cuenta de por qué les atrae tanto el video. Solo saben que les está gustando mucho, y todo gracias a una iluminación creativa que sirve de irresistible caramelo para los ojos.

Hablando de colores, intenta evitar el blanco o el negro en tus videos. Además de que un toque de color en tu vestuario tiene más probabilidades de captar la atención de los espectadores, colores extremos como esos son difíciles de iluminar bien. Del mismo modo, evita grabar tus videos contra paredes blancas. Son aburridas y pueden hacer que la luz rebote por todas partes.

Tómate tu tiempo para pensar en tu fondo. Si vas a grabar en casa, ¿tienes una habitación con una pared de galería, algún empapelado original o una estantería que pueda añadir color y textura a tu video? Si todo lo demás falla, al menos intenta encontrar un fondo con un color más interesante que el típico blanco.

Aparte de la iluminación, utilizo algunos trucos diferentes que tú puedes reproducir fácilmente para captar la atención de la gente en tus videos. A lo largo de los años, me di cuenta de que mis videos musicales tenían más éxito si incluían algunos primeros planos de mi cara. La gente que ve tu video quiere sentirte y hacerse una idea de quién eres, así que los primeros planos son muy importantes, sobre todo al principio del video.

Muchas veces empiezo mis videos con un primer plano extremo para captar enseguida la atención de los espectadores, como si gritara: «¡Aquí estoy!». Detiene a los espectadores antes incluso de que tengan la oportunidad de desplazarse a otro video. A veces cambio de tema y abro el video con un fondo liso y luego entro enseguida en el encuadre para añadir un elemento sorpresa.

También me enfoco siempre en el color, tomando otra pista de mis videos musicales. Mis videos más brillantes y coloridos —«Swalla», «Get Ugly», «Tip Toe» y «Wiggle»— tienen literalmente miles de millones de visitas, y me llevé lo que aprendí de eso directo a TikTok.

Las lecciones más importantes y que más me han valido la pena surgieron de mi experiencia al crear el video de «Swalla». De hecho, fue entonces cuando todo cobró sentido para mí.

En lugar de dirigir este video, decidí trabajar con Gil Green, un gran director con el que tanto Nicki Minaj como yo habíamos trabajado en el pasado. Fue increíble trabajar con Nicki. Decido a propósito no dirigir videos en los que aparezca otro artista para evitar cualquier posible incomodidad o crear algún tipo de jerarquía. Siempre quiero que parezca una colaboración divertida y natural, como lo fue «Swalla».

Dicho esto, seguí tan involucrado como siempre en la creación del video. Gil vino a mí con la idea de utilizar diferentes sabores de bebidas como telón de fondo, pero pensé que era demasiado exagerado. En su lugar, decidimos crear «piruletas Derulo» y otros caramelos que añadieran mucho color y atractivo visual.

Más allá de los caramelos, nos volvimos locos con los colores de ese video, desde los fondos de neón hasta la pintura corporal que era tan hermosa, como una obra de arte. También añadimos un montón de caramelos para los ojos (¿me entiendes?) a través de la coreografía, el agua en la que bailábamos (que, por cierto, estaba muy fría) y la banda exclusivamente femenina. Para entonces, sabía exactamente lo que quería mi público, y eso era todo. Solo en YouTube, ese video tiene ahora dos mil millones de visitas.

La otra cosa interesante de «Swalla» es que todas las emisoras de radio dijeron (comprensiblemente) que era demasiado subido de tono para ellos. Cuando lancé «In My Head» menos de una década antes, no conseguir el apoyo de las emisoras de radio habría acabado con la canción. Un sencillo simplemente no podía convertirse en un éxito si no se escuchaba en la radio. Era tan importante que en el último momento nos apresuramos a volver al estudio para regrabarla con una nueva letra.

> Experimenta, triunfa, fracasa, cae de bruces, vuelve a levantarte...

Pero «Swalla» se convirtió en uno de mis éxitos más grandes sin ningún apoyo de la radio. Estoy hablando de miles de millones de reproducciones. Esto me abrió los ojos al hecho de que ahora vivíamos en un mundo muy diferente al de cuando empecé, con reglas totalmente nuevas. Ahora, si a la gente le gusta una canción, será un éxito y punto. Las barreras de entrada han desaparecido. Y uno de los principales factores que hicieron que esa canción fuera un éxito fue un video que me mostraba en mi mejor luz.

Mira, este capítulo trata sobre la iluminación. Utiliza las técnicas que he compartido, pero no tienes que tomártelo todo al pie de la letra. Se trata más bien de que descubras lo que funciona para ti en cada aspecto de tu trabajo y lo compartas con el mundo. ¿A quién le importa lo que funcione para los demás?

Quieres mostrar tus mejores rasgos, tus mayores talentos y las cosas que te hacen especial. Esas son las cosas que te diferenciarán de la multitud. ¿Sabes siquiera cuáles son? Experimenta, triunfa, fracasa, cae de bruces, vuelve a levantarte... y ¿quién sabe? Quizá ese video tuyo cayéndote de bruces sea el que acabe haciendo la diferencia.

13

EL TALENTO ESTÁ SOBREVALORADO.

« »

EL DESEO ES EL DON.

Es imprescindible tener cerca un equipo y
unos amigos que sean sinceros y nos ayuden
continuamente a ser lo mejor en todos los
aspectos de la vida.

—TYLER HUBBARD Y BRIAN KELLEY, FLORIDA GEORGIA LINE

No pretendo ser modesto cuando digo que no nací con mucho talento. Y tampoco importa con cuánto talento hayas nacido. La verdad es que empecé con un gran don para componer canciones y quizá con una voz apenas mejor que la media, solo apenas. Pero, como ya he dicho, tomé aquello con que nací y lo reforcé con el tiempo. Cantaba más, así que cantaba mejor. Es tan sencillo como eso, y en realidad también es igual de sencillo para cualquier talento o habilidad o conocimiento que intentes desarrollar.

Piénsalo. ¿A cuántas personas talentosas conoces que nunca han llegado a nada, ni siquiera a levantarse de su maldito sofá? ¿Y cuántos artistas talentosos tienen éxito, pero hoy están aquí y mañana ya no porque su ética de trabajo empieza a decaer cuando empiezan pensar que han triunfado? Porque el talento no lo es todo ni es lo más importante. Simplemente no lo es.

Puede que leer esto te saque de tus casillas si has estado esperando a que tus supuestos dones te ayuden a triunfar. Si realmente tienes un talento natural, entonces comienzas con ventaja. Enhorabuena, pero no hay nada en que confiar. Las personas que empiezan la carrera detrás de ti pueden alcanzarte e incluso pasarte si se esfuerzan lo suficiente y tú no tomas velocidad.

Por otra parte, si sientes que tus habilidades no están donde tienen que estar ahora mismo, espero que te sirva para considerar la idea de que el talento está sobrevalorado. Creer que estás atascado con los talentos con los que naciste es tan descabellado como pensar que el talento es todo lo que necesitas para triunfar. Cualquiera puede subir a la cima de la montaña si está dispuesto a esforzarse, y eso te incluye a ti.

No importa dónde empieces, puedes mejorar en cualquier cosa siempre y cuando la practiques. Y si lo practicas lo suficiente, puedes llegar a ser genial. No digo que haya igualdad de condiciones. Si empiezas con menos talento y menos acceso que otra persona, sí, puede que te cueste un poco más. Probablemente tardarás un poco más en llegar. Pero si te esfuerzas y te mantienes firme, siempre podrás ponerte al día. Esto es válido para cualquiera que intente triunfar en cualquier campo.

Si quieres pruebas, solo tienes que mirar a un atleta como LeBron James, que nació por delante de los demás. Es un espécimen de otra estirpe, que tiene claramente una ventaja física sobre otros jugadores. Su cuerpo es como una receta secreta. Pero, por otra parte, hay otros que también tienen ese tipo de ventaja y no son, ni de lejos, tan buenos como él. ¿Por qué? Porque simple y llanamente no se han esforzado.

Por otro lado, está Michael Jordan, que no empezó con el mismo nivel de talento natural que LeBron. Jordan ni siquiera entró en el equipo de baloncesto de su secundaria. Sin embargo, siguió trabajando hasta convertirse en el mejor del mundo.

Lo que quiero decir es que, en casi todos los casos, no existe una ventaja lo bastante grande como para separarte de alguien que está dispuesto a hacer lo necesario para ponerse a tu altura. Tienes que seguir avanzando a la misma velocidad —o más deprisa— si quieres seguir llevando la delantera. Y si ahora mismo eres tú el que se ha quedado atrás, no estás atascado ahí.

Puede que Michael Jordan no naciera con habilidades pero sí con deseo. Y ese es el verdadero don: un deseo de triunfar tan fuerte e intenso que se convierte en una obsesión. Siempre habrá algunas anomalías, pero la mayoría de las veces no son las personas con más talento las que alcanzan los niveles más altos de éxito. Son las personas con el mayor deseo y la mayor obsesión.

Este deseo es exactamente el mismo don con el que yo también nací. He estado totalmente obsesionado en convertirme en uno de los mejores artistas del mundo desde que vi a Michael

Jackson en el escenario cuando tenía cuatro años. Y he sacrificado la mayor parte de mi vida para cumplir ese sueño.

Tal vez mi intensa ética de trabajo sea un don genético. Si no es así, lo sigo siendo de forma honesta. De niño, aprendí de mis padres lo que significaba realmente trabajar duro. Eran inmigrantes que se mataron para triunfar en este país. Mi mamá tenía dos trabajos mientras estudiaba Derecho. Uno de esos trabajos era como funcionaria de inmigración. Luego venía a casa y cocinaba comida deliciosa y nos hacía sentir a todos los niños como si fuéramos ricos, aunque en realidad no tuviéramos casi nada. Mientras tanto, mi padre trabajaba sin descanso para montar su propio pequeño negocio de importación y exportación.

Trabajar todo el tiempo siempre me pareció normal porque veía a mis padres hacerlo todos los días. Era lo único que conocía. Y estoy muy agradecido con mis padres por modelar ese nivel de disciplina.

Cuando estaba en la universidad, en la AMDA de Nueva York, ya tenía un pie plantado en el negocio de la música, componiendo canciones para otros artistas. Entre eso y mi plan de estudios y mis audiciones, trabajaba sin descanso. Pensaba que ya sabía trabajar duro por mi cuenta, pero eso no era nada comparado con la carga de estudios en la AMDA.

Sin embargo, me encantó. La cantidad de tareas que me impusieron fue inestimable, porque me enseñó a hacer malabarismos y a trabajar más duro de lo que jamás pensé que fuera posible. Durante los dos años que estuve en la AMDA, no tuve nada de tiempo para otra cosa que no fuera mi oficio. En lugar de una carga, lo vi como un gran lujo, y estaba decidido a aprovecharlo al máximo.

Los alumnos con los que estudié en la AMDA eran de los mejores del mundo. Es una de las mejores escuelas de arte de Estados Unidos, y tienen innumerables exalumnos en Broadway, en películas y programas de televisión y en la industria musical. Cuando estudiaba ahí, muchos otros alumnos ansiaban empezar su carrera. Yo también. Pero la gran diferencia entre esa gente y yo era que algunos de ellos se quejaban de estar en la escuela, mientras que yo agradecía cada minuto que pasaba allí. «Esto es una pérdida de tiempo», protestaban. «Solo quiero salir a la calle y empezar a hacer audiciones y comenzar mi carrera».

Sinceramente, no entendía en absoluto esta mentalidad. ¿Cómo puede ser una pérdida de tiempo pasarlo mejorando tu oficio? El tiempo solo se pierde si no lo utilizas para mejorar, o si lo dejas a medias durante las horas de trabajo que le dedicas.

Mira, no se trata solo del número de horas que le dediques a algo. Se trata de darlo todo en esas horas. Por algo es un cliché: obtienes de algo exactamente lo que pones.

Son solo matemáticas. Todos tenemos el mismo número de horas al día. Si tú y yo trabajamos en algo durante una hora, pero yo pongo el cien por ciento de mi corazón, mente y concentración en esa hora y tú solo el cincuenta por ciento, ¿quién crees que va a mejorar de forma más rápida? ¿Y quién ha perdido el tiempo en esa ecuación? Te diré una cosa: yo no.

Aquí te dejo otra forma de pensarlo: cuando voy a una clase de boxeo, puedo darle duro y golpear el saco con todas mis fuerzas, o puedo simplemente... golpear el saco a medias. Imagina por un momento que tu vida es ese saco de boxeo. ¿Con qué fuerza vas a golpearlo?

Si eres feliz rodando sin pedalear, no hay nada de malo en

que pongas el cincuenta por ciento. La mayoría de la gente sigue la corriente y deja que la vida le ocurra. Eso está bien. Conozco a mucha gente con una vida común y corriente que se conforma con eso. Si ese eres tú, me alegro por ti. En serio.

Pero si tienes grandes metas y aspiraciones como yo, debes saber que solo las alcanzarás si golpeas esa mierda con todas tus fuerzas. A medias no es suficiente. Hay demasiada gente intentando llegar a la misma olla de oro que tú.

> A medias no es suficiente. Hay demasiada gente intentando llegar a la misma olla de oro que tú.

Te pondré un ejemplo: hace unos años, un amigo mío con el que hago negocios vino a verme y me dijo que su hijo se dedicaba a la producción musical y me pidió que escuchara algo de su material. Le dije que sí, y su hijo me envió unos cuantos ritmos. No hay forma más agradable de decirlo: no eran buenos.

Sabía que no le haría ningún favor a este chico si me guardaba mi opinión, así que se la dije sin rodeos: «Regresa, enciérrate en un cuarto y vuelve a verme cuando hayas crecido», le dije. «Aún no estás listo».

Solo diez días después, este tipo me envió otro conjunto de ritmos.

La verdad es que me sentí ofendido. Soy un tipo ocupado. Si te hago un favor escuchando tu material, será mejor que te asegures de que es de lo mejor antes de quitarme tiempo dos veces.

¿De verdad este muchachito creía que podía convertirse en un gran productor en una semana y media?

—No está nada bien —le dije—. No has mejorado nada, y mentiría si dijera que me sorprende. Una semana no te va a llevar a donde tienes que estar, y el hecho de que creas que puedes llegar tan rápido me parece una locura.

Le expliqué exactamente qué tan escasas eran las posibilidades de que triunfara en este negocio, aunque tuviera una conexión con alguien como yo. No le serviría de nada desperdiciar esa oportunidad antes de estar preparado. Entonces le hablé de un productor que había firmado en mi editora llamado Smash David. Además de trabajar conmigo, ha colaborado con Khalid, Chris Brown, Lil Wayne, Big Sean y otros artistas enormes. Cuando conocí a Smash, hacía siete ritmos al día, y ya estaba bien establecido en el negocio.

Le pregunté a este chico cuántas ritmos hacía al día.

—Quizá uno —dijo con timidez.

Tenía la esperanza de que por fin me estuviera entendiendo.

—Pues ahí está —le dije—. Él está haciendo siete veces más trabajo que tú. Por supuesto que es mucho mejor que tú.

Escúchame, y escúchame bien. Lo asombroso no sucede de la noche a la mañana. En retrospectiva, quizás por eso ninguna de mis supuestas grandes oportunidades resultaron ser tales. En aquel momento, pensé que estaba preparado, pero no lo estaba. Aún no lo estaba. Cuando era niño y ganaba concursos de canto por toda Florida, era bueno, pero no era genial. Cuando había conseguido subir al escenario del Apollo, me fue súper, pero no era innegable. Al menos, todavía no.

¿Y sabes qué? No pasa nada. En realidad, es incluso mejor que eso. Porque si lo hubiera conseguido entonces, nunca habría tenido la oportunidad de emprender este increíble viaje. Me encantaban aquellos días en la escuela, cuando me pasaba la noche en vela terminando mi próxima canción y luego tenía que ir a clase por la mañana sin dormir. Hoy tengo una vida increíble y estoy agradecido por poder compartir mi música con el mundo, pero ahora echo de menos aquellos días. Hubo muchas veces en las que pasé días sin dormir de verdad. Pero me encantaba poder decirme a mí mismo: «Mierda, pana, no he dormido esta semana, pero la verdad es que le he dado durísimo».

Ese es el nivel de dedicación que se necesita para tener éxito, y me refiero a tener éxito de verdad, al más alto nivel. Tienes que estar tan metido en lo que haces que literalmente debes obligarte a hacer una pausa, porque de lo contrario te harás daño físico. Esto puede sonar extremo, porque lo es. Pero escucha, llegar a ser el mejor en algo también es bastante extremo.

Si ser el mejor es realmente lo que quieres, tienes que ser realista sobre el viaje que tendrás que hacer para llegar hasta allí. Pero no olvides divertirte también en ese viaje. Me encanta hacer música y siempre me ha gustado, hasta el punto de la obsesión. No hay (casi) nada que prefiriera estar haciendo, así que no me parece un sacrificio en absoluto dedicar todo mi tiempo y energía a mi música. Es fácil trabajar duro en las cosas que te gusta hacer, porque en realidad no se siente para nada como un trabajo.

> Es fácil trabajar duro en las cosas que te gusta hacer, porque en realidad no se siente para nada como un trabajo.

Si hay algo que ya te obsesiona y a lo que quieres dedicar todo tu tiempo para convertirte en el mejor, estupendo. Si no, tienes que tomar una decisión. Puedes ser una hoja flotante toda tu vida y esperar que al final aterrices en algo que te guste, o puedes elegir a qué quieres dedicar tu vida. La gente ha tenido éxito y ha irrumpido en industrias a todas las edades, pero cuanto antes elijas, mayores serán tus posibilidades de éxito. Simplemente tendrás más tiempo para perfeccionar tus habilidades. De nuevo, son solo matemáticas.

No digo que dejes de leer aquí, pero el mejor consejo que puedo darte es que decidas qué es lo que más quieres en la vida y vayas tras ello con todas tus fuerzas. Es tan sencillo como eso.

La mayoría de la gente piensa que te tiene que apasionar aquello en lo que decidas centrarte, pero en realidad eso no es cierto en absoluto, ni siquiera te tiene que gustar. Enfocarte en algo que te gusta o te apasiona no es un requisito. Es solo para tu comodidad. La verdad es que puedes trabajar duro en cualquier cosa. Solo que, cuanto menos pasión sientas, más difícil será mantener la disciplina.

Amar la música me facilitó dedicarle tantas horas, pero hay días en los que no me resulta tan fácil, y todavía tengo que encontrar la motivación para darle igual de duro. Como he dicho, tuve que reescribir el gancho de «Savage Love» ocho veces antes de que me saliera bien. Sudando la gota gorda en mi estudio, sentía de todo menos pasión, pero aun así mi trabajo duro dio sus frutos.

Dicho esto, si la pasión no te impulsa, entonces tienes que encontrar algo que sí lo haga. De lo contrario, nunca estarás motivado para seguir adelante y atravesar todos los contratiempos y momentos difíciles que forman parte inevitable del proceso. En realidad no importa lo que te impulse. Simplemente encuentra algo.

Tal vez quieras ser famoso y enorgullecer a tu familia. Quizá quieras una chequera gorda. Tal vez quieras representar a tu pueblo a gran escala. O tal vez sientas que estás trabajando en algo que está relacionado con un propósito espiritual más profundo. Eso está bien, pero de nuevo, no es necesario, y quien diga lo contrario se está engañando a sí mismo.

Fíjate en mí. Cuando iba a la escuela intermedia, vi a las chicas del equipo de atletismo y me dije: «Oye, ¿por qué no estoy haciendo atletismo?». No era una corredor rápido por naturaleza, y te aseguro que no me apasionaba, pero me motivaba la idea de estar rodeado de esas chicas. Me partí el culo corriendo y llegué a ser bastante bueno. LOL.

Incluso hoy, no me muevo en el gimnasio porque encuentro algún significado más profundo en levantar peso. No, es porque quiero el resultado final. Quiero esa olla de oro al final del arco iris, que es una mente, un cuerpo y un espíritu sanos. Y, por supuesto, tener un aspecto decente no es la peor ventaja del mundo. Del mismo modo, deja que lo que te haga avanzar sea tu fuerza motriz.

Cuando empecé a participar activamente en las redes sociales, lo único que me impulsaba era la simple diversión. La diversión era algo que todos necesitábamos más durante la pandemia, y en aquel momento fue suficiente para impulsarme. Me encantaba el hecho de poder publicar lo que quisiera en TikTok por la única razón de que ese día me apetecía. En TikTok podía ser tan ingenioso como quisiera. Enseguida se convirtió en otra salida creativa que disfrutaba casi tanto como componer música.

De hecho, el proceso es extrañamente similar en muchos aspectos. Cuando me siento a pensar qué tipo de video quiero hacer, tengo rienda suelta creativa. Se me ocurre el concepto, el aspecto del video, la música de fondo y cómo encaja todo. Lo mismo pasa cuando compongo una canción. Una vez que tengo un concepto en mente, tengo que elegir el bombo, la caja, la melodía y la letra. Es como hacer encajar las piezas de un rompecabezas, y ese proceso es divertidísimo para mí.

Sin embargo, divertido no siempre significa fácil. Se necesitan muchas horas y mucha energía para crear algo divertido. Lo mismo ocurre con los influencers en las redes sociales. No existe eso de ser «famoso por ser famoso» o ser «famoso sin motivo». La cantidad de veces que se lanzan ese tipo de comentarios me parece increíble. Es fácil para la gente descartar el trabajo duro y la intención cuando algo se les presenta como casual, fácil y divertido de ver.

Los influencers de más éxito que conozco dedican muchas horas, igual que las personas de más éxito en todos los sectores. Y cuando me tomé en serio las redes sociales, supe que eso era lo que yo también tenía que hacer. Una de esas personas influyentes, Charli D'Amelio, me dijo que publicaba al menos dos videos en TikTok cada día, y otra persona influyente que conocí, Addison Rae, me dijo que publicaba seis. Como yo estaba empezando a desarrollar mi público, también me fijé el objetivo de publicar seis videos al día. Me ocupaba mucho tiempo y energía. Pero me encantaba. Estaba obsesionado. Así que nunca lo sentí como una carga.

No me impulsó a publicar en TikTok la perspectiva de ganar dinero, pero está bien si el dinero es lo que te impulsa. De hecho, si algo te motiva lo suficiente, lo más probable es que el dinero acabe siendo un subproducto de tu éxito. En TikTok, empezaba con amor e intentaba alegrarle los días a la gente, y gracias al trabajo que le dediqué, acabó convirtiéndose en la fuente de algunos de mis mayores negocios. No entré con la intención de ganar millones de dólares con una aplicación de redes sociales, pero ahí es donde acabé. Y eso no me molesta en lo más mínimo.

No importa lo que te impulse siempre y cuando algo lo haga. Piensa en lo que realmente quieres en esta vida sin juzgarte ni avergonzarte. No puedes fingirlo. Solo le dedicarás la cantidad alocada de trabajo que hace falta para tener éxito si lo deseas lo suficiente, no si te obligas a dejarte llevar por lo que suena bien o lo que otra persona quiere para ti. Ese impulso es el motor que te ayudará a atravesar tu viaje. Concédete el poder suficiente para disfrutarlo tanto como yo he amado cada minuto del mío.

14

ESFUÉRZATE EN LO QUE TE RESULTE MÁS FÁCIL.

《 》

PASA DE SER BUENO A SER GENIAL.

Después de esforzarme al máximo y entrenar con Frank, no solo fui aceptado en el equipo de baloncesto de mi secundaria en el décimo grado, sino que además llegué a ser titular en el equipo universitario clasificado a nivel nacional. En el onceavo grado en Dillard High School, nuestro equipo se clasificó entre los veinte mejores del país. Mi vida se dividió entre el baloncesto y la música. No era exactamente al cincuenta por ciento, pero sin duda había una división.

Los partidos de baloncesto en Dillard estaban encendidos. Jugábamos en una cancha universitaria más grande que la de una secundaria normal, casi igual de larga que la de la NBA. En todos los juegos, las gradas estaban llenas y la multitud se encontraba exaltada. Había animadoras, luces, música, carteles, de todo.

Cada vez que viajábamos para jugar contra otros equipos en su casa, nos sentíamos débiles en comparación. Era como actuar en el Apollo y luego volver a un concurso local del sur de Florida. Nuestro equipo estaba acostumbrado a un escenario mayor.

Era emocionante estar en el equipo y que me consideraran el hombre de la escuela. Era lo que siempre había querido, y había muchas ventajas, pero también había un inconveniente. Para entonces, estaba acostumbrado a interpretar música ante grandes multitudes, pero me ponía nervioso jugar a la pelota en un estadio abarrotado de aficionados que gritaban y vitoreaban. Sentía terror antes de cada partido. Mi sistema digestivo se volvía loco y me costaba dar todo en el partido porque tenía mucho miedo. Creo que nunca hice un tiro libre en toda mi carrera en la secundaria. Había demasiada presión. ¿Y si fallaba?

Todo mi esfuerzo me había convertido en un buen jugador, tal vez incluso en un gran jugador. Pero en el fondo sabía que no era el mejor jugador del mundo. Y nunca en mi vida me he conformado con ser el segundo mejor.

Lo curioso es que la gente que me rodeaba pensaba que tenía talento en la cancha. Mi entrenador creía que podía llegar a ser profesional, sobre todo por mi ética de trabajo y mi mentalidad. No es de extrañar, yo era el chico que siempre llegaba temprano a los entrenamientos y se quedaba hasta tarde para hacer algunos ejercicios más. Era el primero en cada ejercicio de carrera, en cada ejercicio de esprint, en todo lo que tuviera que ver con la fortaleza mental y no con el talento natural. Me esforzaba mucho, y mi entrenador apreciaba el hecho de que me esforzara a un nivel diferente del de los demás.

Me encantaba el baloncesto, y nunca me importó hacer todo ese trabajo porque disfrutaba el juego. Además, siempre se siente bien verte a ti mismo mejorando en algo. Me pasaba lo mismo con la música, y trabajaba igual de duro en ella, pero había empezado antes. Para entonces, ya había acumulado años de práctica obsesiva: cientos de noches sin dormir y madrugadas trabajando en mi oficio. Es difícil recrear esa misma energía para una disciplina totalmente distinta. Si el baloncesto hubiera sido mi primer amor, lo habría perseguido con todas mis fuerzas, y habría triunfado gracias a mi mentalidad. Pero quería seguir trabajando igual de duro en la música para mejorar aún más.

El problema era, y siempre será, que el día tiene un número limitado de horas: cuando salía de la escuela por la mañana, aún no había salido el sol, y cuando llegaba a casa por la noche, ya se había vuelto a poner. Luego estaban los propios partidos, que a menudo me obligaban a hacer otro largo viaje en autobús de ida y vuelta a una escuela competidora. Después de todo eso, seguía quedándome despierto hasta tarde por la noche trabajando en mi música. Me encantaba el ajetreo, pero en el fondo también sabía que esta rutina no era sostenible a largo plazo.

Incluso si de alguna manera hubiera podido mantener ese ritmo, sabía que estaba mejorando tanto en el baloncesto como en la música de manera más lenta porque dividía mi tiempo entre las dos cosas. De nuevo, todo se reduce a las matemáticas. Cualquier número de horas es mayor cuando se concentra en una cosa que cuando se divide entre dos (o más). Y, como ya he dicho, mejorar en cualquier cosa depende del número de horas que le dediques, siempre y cuando lo des todo en cada hora.

Frank es quien al fin se me acercó y me hizo la pregunta difícil que había estado evitando hacerme: «¿Con cuál te quedas: la música o el baloncesto?».

Fue una decisión difícil. Frank me había ayudado a convertirme en el jugador de baloncesto que era. Nunca me hubiesen aceptado en el equipo sin su ayuda. Habíamos trabajado tan duro juntos, y por fin me estaba convirtiendo en el tipo de jugador que siempre había querido ser. Era algo con lo que llevaba años soñando. Pero la música era mi obsesión. Tuve que afrontar el hecho de que no podía ser jugador profesional de baloncesto y músico de talla mundial. Tenía que elegir.

No voy a alargar esta parte, porque ya sabes lo que pasó. Al fin y al cabo, nunca has oído mi nombre en la cabecera de un partido de la NBA, ¿verdad?

Después de todo, me encanta el baloncesto, pero estoy obsesionado con la música. Esa es la diferencia. Además, gracias a esos años de duro trabajo, la música me resulta más natural. Con el baloncesto, sabía que siempre tendría que esforzarme más para seguir el ritmo. Después del onceavo grado, dejé el equipo de baloncesto para centrarme al cien por ciento en la música.

En cierto modo, jugar al baloncesto me reafirmó en el hecho de que había nacido para ser cantante. Sabía que nadie podría tocarme en un escenario o en el estudio, sobre todo si me dedicaba por completo a la música en lugar de dividir ese esfuerzo entre la música y la cancha.

Si hubiera seguido con el baloncesto, no tengo ninguna duda de que podría haber jugado en la universidad. Quién sabe, quizá incluso habría acabado siendo profesional. Pero en vez de eso, elegí con consciencia convertirme en una superestrella mundial, y no me arrepiento de nada.

Como ya he dicho, no tienes por qué enfocar tus esfuerzos en algo que ames o disfrutes, en lo que el mundo espera de ti, en un área que sientas que está conectada con tu propósito superior o en una que te garantice que te hará rico. Estas cosas pueden hacer que te resulte más fácil comprometerte a pleno y dedicar la enorme cantidad de trabajo que se requiere, lo cual es importante. Pero no son necesarias para que tengas éxito.

Si quieres triunfar, puedes enfocarte en lo que quieras, y esa es la verdad. Pero necesitas enfocarte. Elige una cosa en la que vayas a concentrar todo tu tiempo y energía. Elígela tan pronto como puedas. Y si quieres tener las máximas posibilidades de éxito, que sea lo que te resulte más natural.

>> Elige una cosa en la que vayas a concentrar todo tu tiempo y energía. Elígela tan pronto como puedas. Y si quieres tener las máximas posibilidades de éxito, que sea lo que te resulte más natural.

Claro que puedes seguir aprendiendo otras habilidades y disfrutando de otras salidas, pero dedícales el tiempo y la energía justos para conseguir lo que quieres de ellas. Reserva el resto para el área en la que te resulte más fácil pasar de ser bueno a ser genial.

Me parece increíble la cantidad de gente que hace exactamente lo contrario. Se esfuerzan al máximo en las cosas que no se les dan tan bien y se apoyan en las habilidades que ya tienen para rodar sin pedalear con las cosas que les resultan más fáciles. O eso, o intentan un poco de todo y se dispersan demasiado. Pero nadie es realmente el mejor del mundo en más de una cosa que no tenga nada que ver. Nunca creí que pudiera ser un atleta de talla mundial y una superestrella del pop. Pero sabía que podía ser una cosa o la otra, dependiendo de lo dispuesto que estuviera a esforzarme.

Si hubiera seguido dividiendo mi tiempo en lugar de elegir la música en aquel entonces, de ninguna manera tendría la carrera que tengo hoy. Lo mismo va para todos los que están arrasando en la industria que han elegido. La fórmula más directa para el éxito es empezar con ventaja, centrarse al cien por ciento y seguir trabajando. Así es como te adelantas a los demás y te quedas ahí, porque en este mundo no basta con mantener el ritmo.

Te daré otro ejemplo, y en cierto modo está relacionado con el baloncesto, porque mejorar tanto en el baloncesto me enseñó a utilizar mi mentalidad para mejorar en algo completamente físico. Volví a hacerlo cuatro años más tarde, cuando irrumpí en la música pop y tuve que convertirme en un gran bailarín. Bailar siempre había sido para mí una habilidad secundaria, mientras que cantar y componer música eran —y son— mi centro de atención y mi corazón.

Dicho esto, al principio de mi carrera, pensaba que era un bailarín bastante bueno. Allá en Florida, podía hacer algunos pasos muy buenos en comparación con los bailarines con los que había entrenado. Ya tenía una base sólida, y luego, en la AMDA, mejoré aún más mis habilidades aprendiendo todo tipo de danzas además del hip-hop, como jazz, claqué e incluso ballet.

Antes de que saliera mi primer álbum, asistí a una clase de hip-hop para perfeccionar mis habilidades, o eso creía yo. Al mirarme en el espejo de cuerpo entero junto a los otros bailarines, me di cuenta de que estaban a otro nivel. Les gustaba bailar igual que a mí me gustaba mi música. Les encantaba y dejaban el alma en eso, y como resultado eran increíbles.

Ahora veo lo mismo en todos los bailarines increíbles con los que trabajo en mis espectáculos en vivo y en mis videos. Para ellos, un ensayo de danza de ocho horas es divertido. Yo también puedo aguantar esas ocho horas. Pero llega un momento en que se me nublan los ojos, probablemente del mismo modo que se les nublarían a ellos en una sesión de ocho horas en el estudio, mientras yo me lo estoy pasando como nunca.

Aun así, sabía que tenía que ser un buen bailarín para poder montar el tipo de espectáculo escénico que siempre había imaginado, así que trabajé duro para mejorar. Desarrollé una estricta rutina que incluía asistir a clases de baile tres veces por semana. Y mis habilidades mejoraron. Pero siempre me aseguro de seguir enfocado en la música, más allá de en qué esté trabajando o de lo que ocurra a mi alrededor.

Una vez que tu carrera empieza a despuntar, comienzan a surgir oportunidades apasionantes y te ves jalado hacia un millón de direcciones distintas. No digo que no debas aprovechar todo eso y disfrutar de los frutos de tu trabajo. Pero si quieres que tu carrera dure, tienes que recordar lo que te hizo triunfar en primer lugar. Mientras un artista está de fiesta, yendo a eventos y celebrando su éxito, montones de jóvenes prometedores están viviendo en sus estudios sin hacer otra cosa que crear contenido, trabajando en su oficio toda la noche, ganando terreno al artista que hoy está de moda pero que podría acabar desapareciendo mañana.

Esta es una de las razones por las que ves a muchos artistas sufrir el «bajón del segundo». Se pasan la vida trabajando en ese primer álbum, película, libro o lo que sea que hagan. Luego pierden la concentración justo cuando llega el momento de crear una continuación que alcance el mismo nivel que el primero.

Nunca pasé por esto porque siempre me mantuve enfocado en cómo podía llegar al siguiente nivel en mi carrera. Después de que mi primer álbum explotara, no me llené la cabeza ni me sentí increíble conmigo mismo. Sabía que el mero hecho de tener algunas canciones buenas hoy no me garantizaba el mañana. Para aferrarme a ese éxito, tuve que adoptar una mentalidad maratoniana y negarme a rendirme o a perder la concentración, aunque solo fuera por un día.

En el fondo, siempre estaba pensando en cómo podría competir con algún chico joven que escribía una docena de canciones por día de la misma forma que yo solía hacerlo. Básicamente, tenía que competir con la versión más joven y hambrienta de mí mismo. Solo podía competir si seguía siendo él y trabajaba tanto como él.

> En el fondo, siempre estaba
> pensando en cómo podría
> competir con algún chico joven
> que escribía una docena de
> canciones por día de la misma
> forma que yo solía hacerlo.

Ahora, soy plenamente consciente de que siempre puedo aprender y crecer más. A pesar de mi éxito, estoy en la cima de querer saber más sobre mi oficio. Y cada día que me levanto, sigo persiguiendo el siguiente sueño.

Cada día me pregunto cómo puedo superarme a mí mismo. Me impongo pequeños objetivos que me aseguro de cumplir. De este modo, me acostumbro a la sensación de ganar, lo que alienta mi mente a lograr más.

Si no programas tu propia mentalidad así, tu mente la programará por ti. Lo más probable es que te quedes atascado en el modo predeterminado, pensando: «Tá bien, hoy nos relajamos». En lugar de dejar que esto ocurra, me aseguro de que cada objetivo que alcanzo solidifique mi mentalidad de trabajar, ganar y lograr exactamente lo que me propongo.

> Lo más probable es que te
> quedes atascado en el modo
> predeterminado pensando: «Tá
> bien, hoy nos relajamos». En
> lugar de dejar que esto ocurra,

> me aseguro de que cada
> objetivo que alcanzo solidifique
> mi mentalidad de trabajar,
> ganar y lograr exactamente lo
> que me propongo.

Esta mentalidad me ayuda a seguir enfocándome en mi música incluso cuando hay oportunidades más llamativas, y cuando aprovecho una de ellas, me atengo al plan de dedicarle lo suficiente para conseguir lo que necesito.

Un ejemplo es el tiempo que pasé como jurado invitado en concursos televisivos de talentos, sobre todo en *So You Think You Can Dance*. Disfruté mucho haciendo esos programas en vivo, y aprendí mucho de ellos sobre cómo hablar ante el público. Como cantante, me había acostumbrado a hacer entrevistas sobre mi música y a hablar de mis canciones, pero eso era todo. Nunca había tenido que hablarle a un público de forma que mantuviera su atención y sonara convincente e informado.

Vi la experiencia en este programa como una forma de mejorar esas habilidades. Pero desde entonces, he rechazado un montón de ofertas para aparecer en programas similares. Ya había extraído lo que necesitaba de esta experiencia, así que me resultaba más beneficioso dedicar ese tiempo a mi música.

A las redes sociales las encaro de la misma manera. TikTok es ahora una gran fuente de negocio para mí, pero sigo siendo consciente de que nunca debe canibalizar mi carrera musical. Para alcanzar mis objetivos, estas dos cosas tienen que apoyarse mutuamente en lugar de quitarse la una a la otra.

No tengo una fórmula exacta, pero siempre intento centrar mi tiempo y mi energía en el área donde son más necesarios en ese momento. A veces es hora de concebir y publicar un nuevo video de TikTok, y a veces es hora de hacer música. Pero incluso cuando no es el turno de la música, me aseguro de trabajar en ella al menos un par de horas cada día. Para mí es como ir al gimnasio. Para competir a mi nivel y mantenerme en plena forma, tengo que mantener los músculos fuertes.

Lo repetiré una vez más: el éxito no ocurre por accidente. La grandeza no ocurre por accidente. Y ninguna de las dos cosas ocurre rápida o convenientemente tampoco. Son solo hechos, y no ayuda nada fingir que no son ciertos. Llegar a un alto nivel va a requerir toda tu concentración, tu dedicación, tu energía y tu tiempo.

> Lo repetiré una vez más: el
> éxito no ocurre por accidente.

¿Quieres ser un hazlo todo? Pues adelante. Pero así no vas a lograr un éxito a lo grande. Para tener ese tipo de éxito, tienes que ser el mejor del mundo en aquello a lo que decidas dedicar tu vida. Y lo cierto es que es más fácil llegar a ser el mejor cuando das el cien por ciento de ti mismo en un área en la que ya eres genial.

15

ELIGE A TU COMPETENCIA.

« »

Y SIGUE SUBIENDO LA VARA.

Al borde de la incomodidad llega el
crecimiento. Esfuérzate y presiona en los
bordes, ponte incómodo y crece.

—DANNY WHITE, EMPRESARIO

Como sabes, Frank había jugado al baloncesto profesional en Europa, y su hermano menor, Hakeem, también tenía aptitudes. Cuando nos conocimos quería hacerse profesional igual que Frank, y con el talento natural de Hakeem, no tenía ninguna duda de que este objetivo estaba a su alcance.

Los tres pasábamos mucho tiempo jugando juntos al baloncesto. Otras veces, yo jugaba con Hakeem. La mayoría de las veces, Hakeem y yo jugábamos uno contra uno en toda la cancha solo para cansarnos. Cuando Frank se nos unía, siempre me ganaba. Hakeem también solía darme una buena paliza, pero no siempre y a menudo no por mucho.

Cuanto más jugábamos, más me daba cuenta de que, de partido a partido, las habilidades de Hakeem seguían siendo más o menos las mismas. Era bueno por naturaleza, pero confiaba en esa capacidad natural en lugar de esforzarse por convertirse en el mejor del mundo, o al menos en el mejor que podía llegar a ser.

Me senté con él un día después de jugar e intenté sermonearlo. «Pana, eres bueno», le dije. «Pero tú y yo no deberíamos estar compitiendo, ni siquiera deberíamos estar en el mismo campo de juego, porque yo nunca voy a estar en la NBA».

No pretendía ser duro, pero conocía sus objetivos, y tenía claro que si seguía por su camino actual, no iba a conseguirlo. «Si quieres llegar a profesional, el hecho de que solo me ganes por un poco no es suficiente».

Hakeem no estaba solo. La mayoría de la gente mira a los demás a su alrededor e intenta competir a ese nivel. Pero esto es lo más limitante que puedes hacer. Al fin y al cabo, ¿cuántas de las personas que conoces lo van a conseguir a gran escala? La realidad es que ser el mejor en tu escuela o en tu ciudad o en tu equipo o en cualquier campo en el que juegues actualmente no tiene relación alguna con que vayas a tener un éxito real y duradero.

Si quieres triunfar en el mundo real —y me refiero a triunfar de verdad—, tienes que ser capaz de enfrentarte a los mejores del planeta, lo que significa que, para tener una mínima oportunidad, necesitas estar años luz por delante de cualquiera contra el que compitas ahora.

He visto esto toda mi vida. Desde muy joven, mis compañeros de clase en las escuelas de artes escénicas eran algunos de los niños más talentosos del sur de Florida. Muchos de ellos competían entre sí para conseguir el solo del coro o ser elegidos como violinistas principales de la orquesta o conseguir el papel principal en la obra escolar o lo que fuera.

Nunca perdí ni un minuto de mi tiempo ni una chispa de mi energía preocupándome por ganarle a esos chicos. Incluso entonces, sabía que en realidad no competía contra ellos. Ni siquiera tenía la sensación de estar compitiendo contra aquellos a los que me enfrentaba en los concursos de talentos locales.

De nuevo, sin ánimos de faltarle al respeto a nadie. La mayoría de esos chicos eran buenos. Algunos eran geniales. Pero ¿cuántos de ellos vendían millones de álbumes? No importaba si les ganaba a esos chicos o no. Siempre tuve la vista puesta en la verdadera competencia: los mejores artistas del mundo. Lo que importaba era si podía ganarles o no a ellos.

Como ya he dicho, mis compañeros de clase eran los mejores del sur de Florida, pero yo no quería ser el mejor del sur de Florida. Quería ser, de nuevo, el mejor del mundo. Para conseguirlo, sabía que tenía que pensar mucho más allá de intentar vencer a los chicos que estaban en clase conmigo.

Esto significaba que, desde el primer día, miraba a Michael Jackson y pensaba en cómo podía llegar a ese nivel. Veía a B2K y me preguntaba cómo podría superarlos. Estudiaba las cifras de ventas de Justin Timberlake y me preguntaba cómo podría vender álbumes así.

Quería ser lo bastante bueno como para competir con los artistas que estaban teniendo un impacto real y llegando a la gente de todo el mundo. Sabía que esforzarme lo suficiente para competir con ellos era la única forma de tener éxito a gran escala, e incluso si nunca llegaba a ese nivel y caía justo por debajo de ellos, seguiría teniendo la oportunidad de influir en el mundo de forma positiva.

Si nos atenemos a las estadísticas puras, lo cierto es que probablemente las personas que te rodean no lleguen al uno por ciento más alto. Si ese no es tu objetivo, no pasa nada. Solo quiero exponer los hechos concretos. Nunca debes olvidar que hay todo un gran mundo ahí fuera lleno de gente que tiene los mismos intereses que tú, que comparte las mismas pasiones que tú y que quiere triunfar y dominar en los mismos campos que tú. Esas son las personas contra las que compites, no el tipo de al lado o el jugador estrella de tu equipo o incluso el jefe de tu trabajo. Empieza a compararte con los más grandes de todos los tiempos, no solo con los más grandes de tu zona en tu época.

> Nunca debes olvidar que hay todo un gran mundo ahí fuera lleno de gente que tiene los mismos intereses que tú, que comparte las mismas pasiones que tú y que quiere triunfar y dominar en los mismos campos que tú.

Si fijas tu vara en igualar o simplemente superar a tu talento local, mejorarás un poco o mantendrás el mismo nivel de habilidad que tienes ahora. Eso está bien, pero subir a una meseta nunca te llevará a la cima de la montaña. Compararte con algunos de los grandes, en cambio, te mantendrá hambriento y aferrado a esa próxima cumbre hasta que la alcances. Entonces empezarás a aspirar a la siguiente. Si aspiras al uno por ciento y llegas a estar entre los diez primeros, aún te estarás dando la oportunidad de dejar tu huella.

En tu viaje hacia la cima, a veces vas a fracasar. También vas a perder. Y del mismo modo que no pasa nada por fracasar a corto plazo mientras tengas éxito a largo plazo, perder pequeñas batallas tampoco te frenará si fijas la vista en el premio mayor. Estaría bien ganar todos los concursos en el camino hacia el éxito, pero no es necesario, y a veces mirarás atrás y te darás cuenta de que esas pérdidas fueron en realidad victorias a largo plazo.

Para mí, esto significaba no pasar nunca de la primera mesa en las audiciones de *American Idol*.

Tenía quince años a principios de la primera década de 2000, y *American Idol* era el programa más importante de la televisión. Llevaba años ganando concursos locales de canto, y sentí que esta audición era el siguiente paso lógico. Mi mamá se tomó el día libre para llevarme a un lugar que ni siquiera recuerdo. Estaba a varias horas de casa. Bajamos del carro en un enorme depósito que ocupaba una manzana entera y nos encontramos con una fila de gente que rodeaba todo el depósito e incluso calle abajo. Esperaba que hubiera mucha gente, pero... maldita sea.

Mi mamá y yo esperamos en esa fila todo el día. Hablo de unas diez horas por lo menos. Nos turnábamos para salir de la fila para comprar comida o ir al baño. Por fin, dejé a mi mamá esperando fuera y entré en el enorme depósito, que era una gigantesca sala abierta. No tenía la mejor acústica del mundo. Había literalmente cientos de mesas en la sala con un juez sentado a cada una de ellas. Tampoco era un juez tipo Simon Cowell, sino alguien de entre bastidores.

Mientras tanto, había cantantes en ciernes haciendo audiciones en todas las mesas, es decir, mil personas cantando todas las canciones a la vez. Por encima del canto, podía oír al coro de jueces diciendo: «Siguiente... siguiente... siguiente... siguiente...».

Respiré hondo y me acerqué a una de las mesas. Sabía que mis posibilidades eran escasas, pero aun así me sentía confiado. Como de costumbre, le había «pedido prestado» un conjunto a Joey: una camiseta sin mangas ajustada, unas cadenas falsas y unos jeans holgados y rotos. Pero no importaba lo que llevara puesto, porque la jueza apenas me miró. Se limitó a asentir rápidamente.

Fue una de las experiencias más estresantes de mi vida. Lo deseaba con todas mis fuerzas. Estaba temblando y tenía la garganta seca, pero empecé a cantar «Love» de Musiq Soulchild. No había música. No te ponen música en una convocatoria de ganado. Y estaba tan nervioso que empecé en un tono demasiado bajo para mí. Llevaba exactamente siete segundos cantando cuando la mujer me interrumpió: «Muchas gracias», y luego gritó en voz alta «SIGUIEEEENTE».

Después de todo un día de espera, sentí que no había tenido una oportunidad justa, y sabía que no lo había hecho lo mejor posible. Pero cuando mi mamá me preguntó cómo me había ido, mentí y le dije que lo había hecho bien. Me daba demasiada vergüenza admitir la verdad, que me había atragantado.

Aquel día perdí y, sin duda, eso dañó mi ego. No puedes dormirte en el trabajo, porque hay mucha gente bien despierta que está más que dispuesta y preparada para pasarte por encima.

> No puedes dormirte en el trabajo, porque hay mucha gente bien despierta que está más que dispuesta y preparada para pasarte por encima.

La otra cosa que aprendí al perder en la audición de *American Idol*: tienes que impresionar de inmediato e ir por todas desde el principio, hagas lo que hagas. La canción «Love» se construye bastante rápido, pero debería haber elegido una canción que mostrara mi capacidad vocal de inmediato, desde el primer segundo.

Así es exactamente hoy en día en las redes sociales. No solo tienes que captar la atención de la gente desde el principio, sino que además la competencia es más dura que nunca. Hoy en día, ni siquiera basta con poder competir con los mejores de los mejores en tu género específico o en el campo que elijas. Antes, los artistas musicales podían triunfar siendo «solo» el mejor cantante de pop o el mejor cantante de country; seguían enfrentándose a los mejores del mundo, pero la competencia era mucho menor.

Ahora que la forma en que consumimos contenidos cambia a gran velocidad y que todos pasamos cada vez más tiempo en nuestros teléfonos, la música compite por la atención de la gente con cualquier otra forma de contenido. La gente no solo elige entre canciones pop, sino entre todo tipo de canciones, películas, programas de televisión, videos de YouTube y publicaciones en las redes sociales, todo al mismo tiempo.

Esto significa que, como cantante, no basta con ser «solo» tan bueno como Ariana Grande o Justin Bieber. Y como actor, no basta con ser «solo» tan bueno como Meryl Streep o Leonardo DiCaprio. Y así sucesivamente en todos los campos. Puede parecer una vara demasiado alta esforzarse por ser tan bueno como cualquiera de estas personas. Pero seguiría siendo mucho más fácil que enfrentarse a la enorme competencia contra la que nos medimos ahora en todos los campos. Te digo que no es ninguna broma. Y no te haría ningún favor si no te lo dijera sin rodeos.

Entonces, ¿quiénes son los héroes con los que te gustaría poder compararte algún día? Si aún no lo sabes, no pasa nada. Tómate un momento para pensar en eso ahora mismo. Quizá incluso escribe una lista. ¿A qué personas admiras y por qué? ¿Quién te inspira y por qué? ¿Quién está teniendo el tipo de impacto en el mundo que te gustaría emular, y por qué?

Sé sincero contigo mismo por un momento. ¿Cómo se comparan tus talentos, tus habilidades y tu producción creativa con las capacidades de tus héroes? ¿Estás realmente preparado para jugar en el mismo campo que ellos? Piensa en cuánto han trabajado para llegar a donde están, eso es lo mínimo indispensable para ti.

Una vez que sepas quién te inspira, estudia a esas personas. No compitas sólo contra ellas. Inspírate también en ellas. Ningún gran artista ha existido nunca en el vacío. Utiliza lo que aprendas de los mejores para crear un modelo para ti.

Llevo toda la vida inspirándome en la grandeza, y utilicé eso para crear un modelo para mi arte cuando tenía pocos años. Michael Jackson fue la única razón por la que empecé a cantar y a bailar. Era todo en lo que yo quería convertirme desde el punto de vista musical, filantrópico y de su impacto global. Antes de entrar en el jardín de infantes, estaba delante del televisor intentando hacer el *moonwalk* en calcetines como cualquier otro niño. Pero yo no era como los demás niños. No era solo un aficionado. Para mí era una obsesión en toda regla.

No solo admiraba a Michael; quería ser él. Canté como Michael durante tantos años que mi timbre vocal sigue sonando como un producto de esa imitación. Hace décadas que no intento sonar como él, pero todavía se nota su influencia en mi voz, porque pasé mucho tiempo entrenándome para cantar como él. También me he inspirado en su coreografía, con sus líneas elevadas y limpias, que se alejan mucho de los típicos bailes de hip-hop.

Michael también fue el rey de los ochenta, y esa época de la música ha inspirado mi forma de componer más que ninguna otra. Muchos de los mejores artistas de los ochenta fueron discípulos de Michael. Es imposible evitar su influencia si te inspiras en cualquier cantante pop de esa época.

Cuando escribí «Want to Want Me» en 2015, me propuse crear una canción de baile épica y divertida que pudiera competir con algunas de las canciones más conocidas y queridas de la década de los ochenta. Mientras trabajaba en la canción, me encantaba. Era optimista, contagiosa y sexy sin ser lasciva. También fue una de esas canciones que surgieron con bastante facilidad, con la ayuda de algunos de mis colaboradores favoritos. Después de grabarla, me sentí seguro de que habíamos conseguido otro éxito.

Pero siempre digo que la verdadera prueba de cualquier canción es escucharla al día siguiente. A veces, cuando escucho una canción al día siguiente, me parece diferente. Esta vez, por alguna razón que no he podido precisar, no la sentía como yo. Pensé que tal vez no era tan buena como creía.

Sin embargo, en lugar de desechar la canción, la envié a un grupo de personas cuyas opiniones respetaba. No recibí ninguna de esas respuestas de «Sí, está buena». No, todos estaban fascinados diciendo que era increíble. Me tomé en serio estos comentarios, pero seguía sin convencerme.

—No sé si me convence —le dije a Frank—. No estoy seguro de que me represente a mí.

—Estás alucinando —me dijo—. Esta es la que es.

En aquel momento, Frank llevaba más de una década ayudándome a tomar este tipo de decisiones, y yo respetaba sus opiniones casi tanto como confiaba en las mías. Así que decidimos lanzar «Want to Want Me» como sencillo principal de mi cuarto álbum. Enseguida se convirtió en un éxito entre los top cinco en Estados Unidos y alcanzó el número uno en muchos países de todo el mundo.

Aquí va la verdad: me equivoqué. Mi instinto suele acertar con mis canciones, pero admito de todo corazón que tenía una perspectiva equivocada sobre «Want to Want Me». (Este es otro ejemplo de por qué es tan importante tener las abejas adecuadas en tu colmena).

Sabía que tenía que ser una buena canción si estaba teniendo tanto éxito. Como siempre, las cifras no mienten. Pero «Want to Want Me» empezó a gustarme de verdad cuando la interpreté en vivo y, al día de hoy, el público enloquece, baila y canta cada vez que interpreto esa canción, y yo me nutro de esa reacción del público. Esto hizo que con el tiempo pasara de ser una canción que al principio no me entusiasmaba a ser mi canción favorita para interpretar.

Ahora me doy cuenta de que me había propuesto escribir una canción épica y bailable al estilo de los años ochenta, y eso es exactamente lo que había hecho. No sentía la magia en la grabación porque es una canción para cantarla, disfrutarla y bailarla en vivo, con el tipo de actuación y coreografía que forma parte de mi esquema Michael Jackson.

Sin embargo, una vez que tienes tu esquema, ahí se acaba. No estoy hablando de copiar directamente a otras personas. El siguiente paso es encontrarte dentro de ese esquema. La belleza de todo arte es la creatividad exclusiva de la persona que lo ha creado.

Además, he aprendido por las malas que es mucho más fácil ser tú mismo que intentar copiar a otra persona. (¿Te acuerdas de la chaqueta de cuero con pinchos?). Simplemente no es interesante ver una réplica de otra persona exitosa. Para tener éxito, tienes que crear algo que nadie haya visto u oído antes. Adelante, inspírate en tus héroes, pero asegúrate siempre de darle tu propio toque a lo que crees. De lo contrario, no tiene ningún sentido crearlo.

Con el tiempo, esto me ha ocurrido de forma natural. Mi métrica para crear algo original es asegurarme de que las canciones que canto suenen bien cuando salen de mi voz y no de la de nadie más. La coreografía que uso tiene que quedar bien en mi cuerpo y no en el de nadie más. Y a nivel conceptual, me baso en lo que me intriga a mí en ese momento.

Si encuentro un sonido genial y único, compondré una canción en torno a eso, y punto. ¿Y si suena loco y diferente y como si solo yo pudiera haberlo escrito? Perfecto. Creo que este tipo de experimentación ha desempeñado un papel importante en mi longevidad como artista, porque mi material nunca es aburrido. En cuanto crees que me has entendido, voy y hago algo completamente distinto. Un ejemplo: muchos críticos comentaron que «Want to Want Me» tenía un sonido mucho más ochentero que mis canciones anteriores. Ese cambio, mantuvo a la gente adivinando, en el buen sentido.

Ser de las islas también me ayuda a poner mi propio sello en mi música. Puede que sea totalmente estadounidense en cuanto a mis gustos en películas, deportes y hamburguesas, pero mi cultura haitiana me ha influido mucho como artista y como persona. A veces mi acento sale de la nada, tanto cuando canto como cuando hablo (sobre todo después de haberme tomado un par de tragos). También incorporo muchos sonidos de compas haitianos a mi música. Y, por supuesto, mi coreografía también tiene que complementar esos ritmos isleños.

Sin embargo, nunca quiero perder mi sentido de la inspiración. Para aspirar a la grandeza, mantengo los ojos en la grandeza. El primer piso de mi casa está lleno de retratos de algunos de los artistas y héroes en los que me he inspirado a lo largo de los años.

Una de esas personas es Muhammad Ali. Cuando hablaba de abdominales, Ali dijo una vez: «Solo empiezo a contar cuando me empieza a doler, porque esos son los únicos que cuentan». Me repito esas palabras cada vez que me enfrento a un reto, ya sea en el gimnasio, en el estudio o en la vida en general. Lo que marca la diferencia es el trabajo que realizas cuando las cosas se ponen difíciles y todos los demás han renunciado.

Hace poco, estaba ensayando para unos próximos espectáculos. Desde el comienzo de la pandemia, no había actuado tanto como antes. Estaba intentando volver a eso y volver a ser el mismo artista de antes, pero me estaba costando un poco lograrlo.

Una noche, tuvimos un ensayo de ocho horas, y yo estaba agotado. Tomamos un descanso a mitad de camino. En este caso, mitad de camino significaba que ya llevábamos cuatro horas en esto. Mientras bebía un poco de agua, me pregunté cómo podría aguantar otras cuatro. Por un momento, me permití pensar en todos los artistas que se habrían ido a casa en ese momento y habrían dejado que los bailarines terminaran el ensayo por sí mismos. Era tentador. Pero aunque este pensamiento se me pasó por la cabeza, sabía que yo no era así.

Me obligué a quedarme y a darlo todo durante todo el ensayo. Fue brutal, pero después me alegré mucho de haber aguantado. Los espectáculos eran mejores. Son esos momentos en los que tienes ganas de rendirte y sigues adelante los que marcan la verdadera diferencia. Esa es la lección de Muhammad Ali.

Mi punto principal aquí es el mismo que intenté predicarle a Hakeem, el hermano de Frank, mientras estábamos sentados sudando en un banco al lado de la cancha de baloncesto: tienes que decidir exactamente lo que quieres en la vida, y luego darlo todo. Si te esfuerzas más que nadie, podrás vivir la vida que deseas. Con la mentalidad adecuada, puedes alcanzar cualquier meta, por más elevada que sea.

La mayoría de la gente ni siquiera se da cuenta de que puede elegir en quién se va a convertir y la vida que va a vivir, pero el hecho es que todo depende de ti. ¿No es increíble? Según lo que elijas, tendrás una de dos vidas totalmente diferentes. Si hoy te lanzas a arrasar incluso con la competencia más dura, el mundo entero se abrirá ante ti. Encontrarás una vida increíble que puedes controlar.

> Con la mentalidad adecuada, puedes alcanzar cualquier meta, por más elevada que sea.

No estoy diciendo en absoluto que vayas a tener una vida mala o de algún modo inferior si no decides dedicarle ese tipo de trabajo, pero es un hecho que tu vida será diferente. Puedes rodar sin pedalear y convertirte en el mejor de tu ciudad, y ese será tu legado. No tiene nada de malo, siempre y cuando sea lo que realmente deseas.

Nadie más puede elegir tu legado por ti. Tienes la oportunidad de decidir por ti mismo quién quieres ser.

Nadie ha llegado nunca a ser de talla mundial sin niveles sobrehumanos de trabajo y dedicación. Seguro que no fue así en mi caso y tampoco será en el tuyo. Pero la verdad es que tampoco creo que esté fuera de tu alcance. Nada en este mundo realmente lo está.

LAS REGLAS EN UN VISTAZO

1. ARRIÉSGATE

2. ABRE LAS PUERTAS CERRADAS

3. ERES TAN BUENO COMO TU RUTINA

4. EL ÉXITO SE ALQUILA

5. DEJA DE ALARDEAR

6. LOS OBSTÁCULOS SON OPORTUNIDADES

7. DECIDE QUÉ ES IMPORTANTE PARA TI

8. LOS QUE PUEDEN, LO HACEN

9. RESPETA LA COLMENA

10. CONFÍA EN LOS DATOS

11. COLABORA, Y PUNTO

12. REVÉLATE CON LA MEJOR LUZ

13. EL TALENTO ESTÁ SOBREVALORADO

14. ESFUÉRZATE EN LO QUE TE RESULTE MÁS FÁCIL

15. ELIGE A TU COMPETENCIA

AGRADECIMIENTOS

Antes hablé del poder de la colaboración. A lo largo de mi carrera, he tenido el privilegio de trabajar con algunos de los mejores de los mejores en la música, en los negocios y, más recientemente, en la escritura de este libro. Estoy agradecido con todas las personas con las que he tenido la oportunidad de colaborar. Como he dicho antes: «Nadie es una isla, ni debería serlo».

Gracias a Dan Milaschewski y a todo el equipo de UTA; a mi editor, Sydney Rogers, por su inquebrantable visión y compromiso con este libro; y a la directora editorial, Judith Curr, por todo su apoyo. También en HarperCollins, gracias a Stephen Brayda, Aly Mostel, Melinda Mullin y al equipo editorial global de HarperCollins, que vieron el valor de *¡Canta tu nombre!* para los lectores de todo el mundo. Gracias a mi colaboradora, Jodi Lipper, quien tomó mis consejos, mi historia y mis palabras, y los hizo cantar.

Fuera del mundo editorial, gracias a mi socio Danny White por ayudarme a ver qué riesgos vale la pena asumir, a Frank Harris por toda su sabiduría y tutoría a lo largo de los años, y a Harry Dessources por estar conmigo todos los días desde el principio. Un enorme agradecimiento a Ellen DeGeneres, Drew Taggart y Alex Pall, Luke Bryan, Zedd, David Guetta, Will

Smith, Tyler Hubbard y Brian Kelley por compartir sus palabras de sabiduría.

Y, sobre todo, gracias a mis fans, mis lectores y mis seguidores por cantar conmigo, bailar conmigo, reír conmigo y llorar conmigo. Gracias por hacer este viaje a mi lado. Ahora te toca a ti: *¡Canta tu nombre!*

SOBRE EL AUTOR

JASON DERULO es una superestrella mundial cuya música y personalidad traspasan fronteras, generaciones y géneros. Desde que con su debut alcanzó el lugar número uno de *Billboard* en 2009, Derulo ha vendido más de 250 millones de sencillos y ha conseguido doce mil millones de reproducciones en todo el mundo. En 2020, con su éxito viral «Savage Love», Derulo se convirtió en el artista con más canciones en el primer lugar en tres décadas consecutivas. *¡Canta tu nombre!* es su primer libro.